U0684743

高职院校劳动教育
生态体系建设

白云莉　著

吉林文史出版社

图书在版编目（CIP）数据

高职院校劳动教育生态体系建设 / 白云莉著. — 长
春：吉林文史出版社，2024.3
ISBN 978-7-5752-0129-2

Ⅰ．①高… Ⅱ．①白… Ⅲ．①劳动教育－教学研究－
高等职业教育 Ⅳ．①G40-015

中国国家版本馆 CIP 数据核字（2024）第 066810 号

高职院校劳动教育生态体系建设
GAOZHI YUANXIAO LAODONG JIAOYU SHENGTAI TIXI JIANSHE

出 版 人　张　强
著　　者　白云莉
责任编辑　杨　卓
出版发行　吉林文史出版社
地　　址　长春市福祉大路 5788 号
邮　　编　130117
电　　话　0431-81629364
印　　刷　武汉鑫佳捷印务有限公司
开　　本　710mm×1000mm　　1/16
印　　张　13
字　　数　220 千字
版　　次　2024 年 3 月第 1 版
印　　次　2024 年 3 月第 1 次印刷
书　　号　ISBN 978-7-5752-0129-2
定　　价　68.00 元

前言

随着社会的不断发展和高等教育体系的不断完善，劳动教育在高职院校中的地位和作用愈发凸显。作为培养实用型、高素质技术人才的关键环节，劳动教育既承载着学生实际操作技能的培养任务，又是促使学生全面发展的有力手段。然而，随之而来的是一系列的问题和挑战，这不仅需要我们对劳动教育理论进行深入的思考，更需要我们在实践中积极探索解决之道。

本书通过对高职院校劳动教育现状的深入剖析，旨在提出一套科学的生态体系构建方案，以引领高职院校劳动教育的发展方向。通过对劳动教育的概念、特点以及在高职院校中的地位和作用的深入探讨，将为构建劳动教育生态体系奠定理论基础。同时，深入细致地分析高职院校劳动教育的发展历程，揭示存在的问题和挑战，为本书提出的构建生态体系的方案提供实证支持。

在新时代，我们要以生态学的视角重新审视劳动教育，构建一个有机、和谐的劳动教育生态体系。本书将通过对劳动教育生态体系理论模型的构建，详细探讨构建生态体系所面临的挑战和机遇。并且，本书将提出劳动教育生态体系构建的指导思想与原则，以及构建生态体系的关键要素。这将为高职院校提供一种可操作的方案，为实现劳动教育全面、系统提升提供有效路径。

在具体实施方面，本书以整体思路和策略为纲，明确目标设定与实施计划，确保高职院校能够有序推进劳动教育生态体系的构建。通过对阶段性目标的落实与评估，本书将实现对构建生态体系的动态监控，确保实施过程的有效性和高效性。

在结束本书时，笔者对研究的成果进行总结，展望高职院校劳动教育生态体系建设的前景。同时，也要诚实面对研究的局限性，并提出进一步深入研究的建议，为劳动教育事业的不断推进提供新的动力。

通过本书的研究，笔者期待能够为高职院校劳动教育的未来发展提供一些建设性的思考和实践建议，以推动劳动教育事业的更好发展。

目录

第一章　引言 ··· 1

　第一节　研究背景和意义 ·· 1

　第二节　研究目的和问题 ·· 6

　第三节　研究方法和框架 ·· 9

第二章　劳动教育的理论基础 ·· 13

　第一节　劳动教育的概念与特点 ···································· 13

　第二节　劳动教育在高职院校中的地位和作用 ················ 21

　第三节　相关劳动教育理论的综述 ································ 35

第三章　高职院校劳动教育现状分析 ································ 43

　第一节　高职院校劳动教育的发展历程 ························· 43

　第二节　劳动教育存在的问题和挑战 ··························· 58

第四章　高职院校劳动教育生态体系构建的理论基础 ·········· 78

　第一节　生态学视角下的劳动教育生态体系概念解读 ········ 78

　第二节　劳动教育生态体系构建的理论模型 ·················· 85

　第三节　劳动教育生态体系构建面临的挑战和机遇 ··········· 95

第五章　高职院校劳动教育生态体系构建的指导思想与原则 ……… 111

　　第一节　劳动教育生态体系构建的指导思想 ……………… 111

　　第二节　劳动教育生态体系构建的原则与要求 ……………… 119

第六章　高职院校劳动教育生态体系构建的关键要素 ……… 134

　　第一节　劳动教育生态体系构建的关键要素概述 ……………… 134

　　第二节　教育资源的整合与优化 …………………… 139

　　第三节　师资队伍的建设与培养 …………………… 144

　　第四节　学生参与合作机制的构建 …………………… 146

　　第五节　评价与监督机制的建立 …………………… 151

第七章　高职院校劳动教育生态体系实施路径 …………… 159

　　第一节　整体思路和策略 ……………………………… 159

　　第二节　目标设定与实施计划 …………………… 166

　　第三节　阶段性目标的落实与评估 …………………… 181

第八章　结论与展望 ……………………………………… 188

　　第一节　研究成果总结 ……………………………… 188

　　第二节　高职院校劳动教育生态体系建设的前景展望 ……… 191

　　第三节　研究的局限性及进一步研究的建议 …………… 193

参考文献 ……………………………………………… 199

第一章　引言

第一节　研究背景和意义

一、背景介绍

（一）当代青年的新时代使命

当代青年是社会进步的推动力量，承载着伟大的时代使命。作为新时代的建设者，他们在社会事业和国家发展中具有重要地位。劳动教育成为培养青年一代的关键环节，引导他们正确树立劳动价值观，对于全面发展具有重要作用。

（二）劳动教育的新时代要求

劳动教育强调引导个体形成正确的劳动价值观，促进全面发展。在青年学生成长的过程中，劳动教育的实施对于其个人素养和社会责任感的培养至关重要。因此，高职院校在肩负培养新一代建设者的任务时，必须深刻理解新时代劳动教育的内涵，积极响应国家政策，科学推进劳动教育的实践。

二、研究意义

（一）理论意义

1.拓宽劳动教育研究领域

（1）文献综述与劳动价值观研究

对当前学界对劳动教育的整体研究进行梳理，发现以劳动观为核心的研究相对较多，但专注于劳动价值观的深入研究相对较为有限。本文将聚焦于劳动价值观作为劳动教育的核心目标之一，通过对高职学生的调查与分析，填补了劳动价值观专项研究的学术空白。

（2）时代背景下高职学生劳动价值观研究

对当前中国特色社会主义新时代下高职学生面临的社会、经济、文化等多层面变化进行剖析，为劳动价值观研究提供时代背景。通过对高职学生的调查研究，深入分析其劳动价值观的现状，揭示劳动价值观在新时代条件下的特殊表现与影响因素。

（3）劳动价值观教育实践路径探索

利用问卷调查的方法，对高职学生的劳动价值观进行翔实的调查，以数据为支撑深入分析学生的观念和态度。基于问卷调查的结果，总结并提炼出对高职学生进行劳动价值观教育的实践路径，包括教育方法、内容设置、组织形式等方面的建议。

2.增强劳动价值观理论体系的科学性

（1）劳动价值观的时代性

探讨中国特色社会主义新时代对劳动价值观的影响，分析时代背景对价值观演变的推动作用。通过对时代性的理论构建，使劳动价值观更好地适应新时代的需求，注重与时俱进，使其具有更广泛的适用性。

（2）劳动价值观的科学性

对劳动价值观的理论框架进行完善，整合新时代的理论元素，使其更贴近实际、更具操作性。通过对劳动价值观实践的持续观察和总结，不断反馈理论框架，以确保其科学性和实用性。

（3）劳动教育的创新路径

探索新的教育方法，如基于互联网的在线教育、实践型教学等，为劳动教育提供更灵活、更具吸引力的方式。结合新时代背景，更新劳动教育的内容，使之更符合学生的实际需求，更有利于塑造正确的劳动价值观。

（二）实践意义

1.完善劳动教育的实践路径

（1）问题分析与路径拓展

当前劳动教育存在着明显的问题，其中之一是教育评价标准的不足。评价标准的制定过程可能缺乏科学性，存在主观性较强的情况，导致评价难以真实反映学生在劳动教育中的实际水平。此外，评价体系往往过于注重表面指标，缺乏对学生实际劳动技能、价值观培养等方面的全面客观评估，影响了评价的科学性。

在教学方式方面，尽管存在一定的多样性，但现有方式的创新性仍有待加强。理论课程与实践活动的结合存在融合程度不够的问题，而不同学科领域的教学实践方式差异较大，可能导致某些学科的教学不够灵活和创新。这使得劳动教育在满足高职学生多样化需求方面存在一定的不足。

针对问题的解决方案需要采取一系列措施。在评价标准的完善方面，可以引入先进的理论体系，借助调查研究和实践经验，确保评价标准具有学科专业性和科学性。建立多维度的评价体系，包括技能水平、工作态度、团队协作等方面，以全面衡量学生在劳动教育中的表现。此外，应制定明确的量化标准，避免主观评价的不确定性。

（2）劳动价值观教育的可行性方案

为确保高职院校劳动价值观教育的基本一致性，可制定一套共性方案，囊括全体学生的教育内容、教学方法和评价标准。在教育内容方面，应包括劳动的本质与意义、职业操守、团队协作等基础理论，以及与专业相关的实践技能培养。教学方法应注重理论与实践相结合，通过案例分析、实地考察等方式引导学生深入理解和体验。评价标准应覆盖知识掌握、实际运用和综合素养等多个方面，以全面衡量学生在劳动价值观培养中的表现。

为满足高职学生的个性化需求，特别是结合其专业特色，可提出个性化的劳动价值观教育措施。在教育内容方面，可根据专业特点定制相关知识体系，突出专业实践中的价值观培养。例如，在工程类专业中，强调团队协作与工程伦理；在文学艺术类专业中，注重创作过程中的责任心培养。同时，引导学生通过实际的职业实习，将所学理论付诸实践，加深对劳动价值观的理解。

为增强教育的贴近度，可以采用实践活动的定制化。通过组织与专业相关的实习、社会实践或项目设计，让学生在实际工作中感受劳动的重要性，并借此培养正确的劳动态度。此外，建立学生参与决策的机制，让学生能够在活动中发挥自己的特长，增加对劳动价值的实际体验，从而更加深刻地理解和内化这一理念。

2.引导高职学生树立科学的价值追求

（1）劳动价值观引导的重要性

深入分析劳动价值观对个体劳动参与的影响，可从心理学和社会学的角度阐述其作用机制。心理学上，个体的劳动参与与其内在的动机和态度密切相关。通过劳动价值观的引导，个体形成积极的劳动态度和情感，将劳动视为一种有益的活动，从而提高对劳动的投入和参与度。社会学的角度则强调劳动价值观在社会层面上的作用，它不仅影响个体的工作态度，还对整个社会的劳动风尚和社会秩序产生深远影响。

科学的价值追求对促进高职学生的全面发展具有重要意义。科学的价值追求包括对真理、创新、责任等的认同，这种认同在劳动中体现为对专业知识和技能的追求，对团队协作和社会责任的肩负。通过劳动价值观的引导，学生能够将科学的追求融入实际的工作和学习中，形成对职业发展的科学规划，提高对自身发展方向的认知，并更好地适应职业环境的变化。

引导学生在劳动中树立正确的追求具有深远的意义。正确的追求不仅包括对个体发展的关注，更关涉到社会的繁荣和进步。通过劳动价值观的引导，学生能够明确自身在职业中的责任和使命，从而在工作中不仅关注自身的成就，同时注重对社会的贡献。这种正确的追求将有助于建设积极向上的社会氛围，形成共同奋斗的劳动文化，推动社会的可持续发展。

（2）劳动价值观教育的实践效果

通过实际案例展示，劳动价值观教育在高职院校的成功实践取得了显著的实际效果。在某高职学院，通过将劳动价值观教育融入专业实践课程中，学生在实际项目中不仅学到了专业技能，同时培养了对劳动的认同感和责任心。这些学生在团队合作中展现出卓越的工作态度和职业操守，赢得了雇主和同事的高度赞誉。实践中显示，劳动价值观教育不仅使学生更具职业素养，还对其整体综合能力的提升产生了积极影响。

分析社会对高素质技术技能人才的需求，发现社会对具备良好劳动价值观的人才有着更为迫切的需求。在现代社会，不仅要求专业技能的精湛，更强调员工的责任心、团队协作能力以及对工作的积极投入。一些公司和企业越来越注重招聘具备正确劳动价值观的员工，因为这样的员工更容易融入团队，对企业的发展起到了积极的推动作用。

为提出满足社会需求的科学价值观引导，高职院校可通过进一步调整课程设置，强化实践环节，加强学生的团队协作与沟通技能培养。同时，与企业建立更紧密的合作关系，将实际项目纳入教学计划，使学生在真实场景中感受劳动的实际意义，从而形成正确的劳动态度。通过这样的劳动价值观教育，高职院校培养出的学生将更符合社会对高素质技术技能人才的期望，满足社会对科学、创新和责任的需求。

3.科学价值追求促进全面发展

（1）劳动价值观的全面发展

深入分析劳动价值观对职业选择的影响，揭示正确的劳动价值观对学生未来发展的积极作用。学生在形成自己的职业选择时，劳动价值观发挥着决定性的作用。正确的劳动价值观能够引导学生更好地认知自身的兴趣、优势和价值，有助于他们在职业领域中找到真正契合的发展方向。在职业选择的过程中，良好的劳动价值观使学生更注重职业发展的内在意义，而非仅仅追求外在的物质回报，从而塑造出更为积极、有长远眼光的职业发展态度。

通过实践活动培养学生在劳动过程中提升思想道德境界的能力，有助于全面发展劳动价值观。实践活动给学生提供了在真实环境中锻炼和应用劳动价值观的机会，使其能够更深刻地理解和内化这些价值观。在实际工作中，学生将面临各种职业伦理和社会责任的考验，而通过实践活动，他们能够逐渐培养出良好的职业操守、积极的工作态度和团队协作精神，从而提升自身的思想道德境界。

正确的劳动价值观对学生的个人素养发展具有深远的影响。劳动价值观的全面发展不仅仅关乎职业层面，更涉及个体整体素养的提升。通过正确的劳动价值观引导，学生能够形成积极向上的人生观和价值观，注重精神追求和自身修养，从而在实践中实现全面发展。这种全面的劳动价值观不仅在职业领域中具备应对挑战的能力，同时也为学生的终身发展奠定了坚实的道德和精神基础。

（2）社会建设与高素质技术技能人才的培养

社会对高素质技术技能人才的需求日益增长，反映了科技与产业的快速发展对人才素质的新要求。现代社会对技术技能人才的期望不仅仅局限于专业技术的掌握，更强调综合素养、创新能力和团队协作精神。高素质技术技能人才需要在不断变化的社会环境中适应和引领科技进步，具备跨学科的能力，能够迅速解决实际问题，为社会的可持续发展做出贡献。

强调劳动价值观教育对培养满足社会需求的人才的重要性。劳动价值观不仅关乎个体对工作的态度，更涉及责任心、团队协作和社会责任等方面。培养具备正确劳动价值观的高素质技术技能人才，可以使其在工作中更具职业操守和创新精神，不仅注重个人技能的提升，还关心团队的整体发展和社会的长远利益。这样的人才具备更强的综合素质，更能够适应社会的需求，为科技创新和社会建设做出更大的贡献。

劳动价值观教育对于高素质技术技能人才的培养是一个渗透式、贯穿始终的过程。在教育中，应注重在专业技术培养的同时，渗透劳动价值观的教育理念，通过实际案例、实践活动等方式引导学生树立正确的劳动态度和价值追求。这样培养出的高素质技术技能人才既具备了卓越的专业技术能力，同时在面对复杂的社会问题时，能够更全面、更负责任地参与解决，为社会建设持续提供人才支撑。

第二节　研究目的和问题

一、研究目的

本研究的主要目的在于深入探讨高职院校劳动价值观教育的现状、问题与挑战，通过对相关理论的分析和实证研究，提出科学合理的劳动价值观教育改进方案，旨在为高职院校劳动教育的发展提供理论支持和实践指导。具体目的包括：

分析当前高职院校劳动价值观教育的形势，了解取得的成绩和面临的困境，明确劳动教育的发展脉络。

探究市场经济和科技发展对劳动价值观的影响，特别关注新兴社会思潮对高职学生劳动观念的影响，找出问题的深层次原因。

分析高职学生对消费主义、享乐主义等错误劳动价值观的认同情况，揭示其缺乏辨别能力的根本原因。

研究高职院校在劳动价值观教育方面的责任与挑战，明确其在培养新一代建设者中的使命和承担的社会责任。

制定相应的劳动价值观教育改进方案，提出高职院校在当前形势下应对劳动价值观教育挑战的科学举措。

二、研究问题

（一）劳动价值观教育形势

1. 劳动价值观教育的整体成绩和成功经验

我国劳动价值观教育在整体上取得了显著成绩。教育体制内明确了劳动教育的地位，通过建立相应课程和活动，使劳动价值观培养成为学生全面发展的重要组成部分。

亮点和成功经验主要体现在一些先进高职院校，通过实践教学和产学合作等活动，将劳动与实际生产结合，使学生更好地理解劳动的价值，激发了学生对劳动的兴趣和热情。

2. 新兴社会思潮对高职学生劳动观念的影响

随着市场经济和科技的快速发展，新兴社会思潮对高职学生的劳动观念产生了多方面影响。市场竞争激烈和信息传播快速使得学生更加关注短期个体收益，出现了对轻松成功的追求。

互联网的普及带来了新的价值观，一些学生受到虚拟世界中不切实际的成功案例的影响，对实际劳动的认识产生偏差，强调迅速取得成就而忽视实际工作中的辛勤付出。

3. 部分高职学生对错误劳动价值观的认同情况和原因

近年来，部分高职学生对错误劳动价值观的认同情况较为突出。其中，一些学生对享乐主义和轻松获取财富的观念产生认同，缺乏对艰苦劳动和责任的理解。

缺乏辨别能力的原因主要在于社会对成功标准的定义和学校教育中对价值观培养的不足。社会对成功的定义过于片面，使得学生更容易认同短期、表面的成功标准，而忽视了实际劳动所蕴含的价值。

4.高职院校劳动价值观教育的调整和改进

高职院校应加强劳动教育的实践性，通过实地参与和体验，使学生更直观地感受劳动的实际意义，激发对劳动的热情。

需要建立更科学、贴近学生实际的评价体系，促使学生形成正确的价值观，使其认识到劳动不仅仅是获取物质回报的手段，更是个体对社会的贡献。

学校和社会应共同努力，引导社会更多地关注劳动者的价值，使劳动者受尊重，具有崇高的社会价值，从而影响学生对劳动的认知和态度。

（二）高职院校的责任与挑战

高职院校作为培养新一代建设者的摇篮，其首要责任是引导学生树立正确的劳动价值观，培养学生积极向上的人生观和社会责任感。

1.劳动价值观教育中的复杂性和多样性挑战

面临复杂性挑战的主要方面包括社会观念的多元化，学生背景的多样性以及对劳动的认知差异。学生在社会观念、家庭环境等方面存在较大差异，增加了劳动价值观教育的难度。

多样性挑战主要体现在学科专业的不同，不同专业对劳动的要求和认知存在较大差异。因此，需要因材施教，对不同专业的学生进行差异化的劳动价值观培养。

2.科学合理地开展劳动教育

随着社会变革的加速和信息技术的迅猛发展，高职院校应采取先进的教育手段，如在线教育、虚拟实验室等，使劳动教育与时俱进。开展劳动教育需要注重理论与实践相结合，通过实际操作、实地参与等方式，使学生更好地理解和体验劳动的实际过程。

3.高职学生特点和需求对劳动价值观教育的影响

在当前社会背景下，高职学生更注重实用性和职业能力的培养，因此劳动价值观教育需要与实际职业需求相结合，使学生在劳动中更好地发展自身专业技能。学生对即时回报的渴望较强烈，需要通过实际案例和成功经验向他们展示正确劳动价值观的实际益处，以增强他们对劳动价值观的认同。

4.高职院校履行社会责任，培养适应时代需求的劳动者

高职院校应加强与行业的合作，及时了解和适应社会对劳动者的新需求，使劳动价值观教育更贴近时代潮流。通过开设相关课程、组织实践活动，培养学生具备创新意识和团队协作能力，使其更好地适应时代的多元化、复杂化劳动环境。

第三节　研究方法和框架

一、研究方法

（一）文献综述

在文献综述阶段，将系统梳理国内外劳动价值观教育的研究现状，分析已有研究的理论框架、方法论以及取得的成果。重点关注劳动价值观教育的核心概念、发展历程，以及其他国家在这一领域的经验与教训。通过文献综述，为研究提供理论支持和借鉴经验。

（二）调查问卷

1.问卷设计

设计具有科学性和可操作性的调查问卷，包括劳动观念的评估、对不同劳动形式的态度、对劳动价值的认知等方面的问题。确保问卷能够全面、客观地反映高职学生的劳动价值观。

2.样本选择

采用随机抽样的方式，选择涵盖不同专业、年级、性别和地域的高职学生作为研究样本，以保证研究结果的代表性和可靠性。

3.数据收集与分析

通过在线或线下方式分发问卷，并对收集到的数据进行统计分析。运用描述性统计和相关性分析等方法，量化学生劳动价值观的现状，揭示不同变量之

间的关系，为深入研究提供基础。

（三）深度访谈

1. 访谈设计

设计深度访谈提纲，涵盖学生对劳动的态度、对社会价值的认同、对职业发展的期望等深层次问题。确保访谈问题具有开放性和启发性，以引导受访者自由表达观点。

2. 受访者选择

选择具有代表性的高职学生进行深度访谈，确保涵盖不同专业、年级和背景。受访者的选择应考虑到其在学校和社会中的活跃度，以获取多元化的见解。

3. 数据分析

通过对深度访谈内容进行内容分析，提炼出关键主题和模式。将深度访谈的结果与问卷调查数据相互印证，形成更为全面的研究结论。

（四）实地观察

1. 观察对象选择

选择特定场景或项目进行实地观察，如学生参与的实习、社会实践活动等。观察对象包括学生在实际劳动中的行为、态度等方面的表现。

2. 数据收集与分析

通过参与式或直接观察，记录学生在实际劳动过程中的细节。收集的数据将通过内容分析等方法进行整理和解读，为研究提供生动的案例和实证支持。

（五）统计分析

1. 数据清理与整理

对调查问卷和实地观察的数据进行清理和整理，确保数据的准确性和完整性。

2. 统计方法应用

应用统计学方法，包括描述性统计、相关性分析等，对收集到的数据进行定量分析。通过统计分析，揭示高职学生劳动价值观的主要特征、存在的问题以及与其他变量的关系。

二、研究框架

（一）劳动价值观教育的理论基础

梳理来自社会学的劳动价值观理论，包括不同社会背景下对劳动的不同认知、劳动在社会结构中的角色等。这一理论基础有助于更全面地理解劳动价值观形成的社会机制，为劳动价值观教育提供多元化的理论支撑。

（二）高职学生劳动价值观的现状分析

1. 调查问卷数据分析

通过采用调查问卷的方法，收集高职学生对劳动价值观的认知、态度和行为等方面的数据。结合统计分析，构建高职学生劳动价值观的现状分析框架，描绘高职学生整体的劳动价值观图景。

2. 深度访谈和实地观察的综合分析

借助深度访谈和实地观察的数据，深入挖掘高职学生对劳动的深层次认知和在实践中的表现。通过综合分析，加深对高职学生劳动价值观现状的理解，准确把握问题的本质。

（三）高职院校劳动价值观教育的挑战与机遇

1. 挑战的梳理

以实地观察和深度访谈为基础，构建高职院校劳动价值观教育的挑战框架。分析高职院校劳动价值观教育所面临的复杂性、多样性等方面的问题，明确挑战的实质。

2. 机遇的辨析

同样，通过对高职学生的实地观察和深度访谈，综合分析高职院校劳动价值观教育的机遇。包括社会对高素质技术技能人才的需求、新时代给予劳动者的新机遇等方面。为提出改进建议提供合理的机遇依据。

（四）劳动价值观教育改进方案

1. 理论基础与现状分析的结合

在劳动价值观教育改进方案的构建中，将理论基础、现状分析和挑战与机遇的综合分析相结合。确保改进方案具有理论支持、实践基础，并能够有针对性地解决高职学生劳动价值观教育中存在的问题。

2.具体改进措施的提出

根据研究的发现，提出一系列高职院校劳动价值观教育的创新性、实用性的改进方案。这些方案可以包括更新教材、拓展实践活动、引入行业导师等多方面的具体改进措施。

第二章　劳动教育的理论基础

第一节　劳动教育的概念与特点

一、劳动教育概念解析

（一）劳动

1.劳动的历史演变与古代思想观点

（1）劳动一词的起源与古代思想观点

劳动一词源远流长，在中国古代思想中最初被用来指代"操作、活动"。古籍如庄子的《庄子·让王》即提到"春耕中，形足以劳动"。这表明古代对劳动的理解主要与操作、农耕等有关。《现代汉语词典》解释劳动为人类创造物质或精神财富的活动，特指体力劳动或"进行体力劳动"。这反映了在中国古代，劳动主要被理解为体力劳动。

（2）西方对劳动的辞源解读

在西方，劳动一词有两种解释。首先，作为动词，劳动意味着耕作，即农耕等活动；其次，作为名词，劳动指的是较为费力的工作。这说明在西方古代，劳动更多地被理解为农耕等体力活动。然而，随着社会经济发展，这一理解逐渐扩展，包括了更广泛的脑力劳动。

2.随社会发展对劳动概念的拓展

（1）社会发展与劳动内涵的变迁

随着社会经济水平的提高，劳动的内涵也经历了变迁。过去，劳动主要强调体力活动，但随着社会生产水平的提高，劳动已不再局限于体力劳动，还包括脑力劳动。马克思认为劳动是人类最基本的社会实践，不仅包括有目的的体力活动，还包括有意识地运用脑力改造自然和社会的实践。

（2）劳动在新时代的内涵

劳动在新时代得到了新赋予。教育部印发的《大中小学劳动教育指导纲要（试行）》的通知（以下简称《指导纲要》）中对劳动的定义提出，劳动是创造物质财富和精神财富的过程，是人类特有的基本社会实践活动。这反映了劳动在新时代不仅局限于物质创造，还强调对精神层面的财富创造。

3.劳动在新时代的特色与跨越固有思维

（1）新时代对劳动概念赋予

在新时代，劳动不再仅仅是对物质的创造，更是对精神财富的创造。新时代赋予了劳动更广泛、更深刻的内涵，强调劳动不仅是创造经济财富的手段，更是实现个体全面发展的途径。

（2）超越固有思维对劳动的理解

为更好理解劳动，需要超越固有思维，明确劳动不再仅限于特定职业或体力活动。劳动涵盖了从事各类工作的个体，包括脑力劳动者和体力劳动者。这种新的理解有助于推动劳动价值观的全面发展。

（二）新时代劳动教育

1.劳动教育的多元解释

劳动教育在过去的定义中并未得到明确的概念界定，而是受到不同学者观点的多元解释。在中国古代思想中，劳动最初被理解为"操作、活动"，例如庄子在《庄子·让王》中提到的"春耕中，形足以劳动"既体现了劳动的原初含义。然而，这一概念并未在古代形成系统的教育体系。

学者们对劳动教育的解释多有依附于德育或智育的倾向。有的将劳动教育视为培养品德、塑造人格的手段，使学生通过劳动获得对社会价值观的认识；而另一些学者将劳动教育纳为德育与智育的综合，认为劳动既可培养学生的道德情操，又有助于智力的提升。这种倾向使得劳动教育的角色在教育体系中相对模糊，缺乏独立的地位。

劳动教育被视为一种综合性的实践形式。这一观点将劳动教育纳入实践的范畴，认为其既包含对学生品德和心智的塑造，同时也涵盖了实际劳动操作的层面。这种综合性的解释强调劳动教育是一种全方位的体验，有助于学生在多个维度上的发展。

新时代的劳动教育理解不再局限于传统范畴，而是与中国特色社会主义事业的发展相结合。在新时代，劳动教育更强调其在培养学生社会责任感、实践能力和创新能力方面的重要性。劳动教育成为中国特色社会主义教育制度的重要组成部分，与社会主义核心价值观和社会发展的需要相互交融。

2. 新时代劳动教育的内涵

新时代劳动教育的本质要求在于为人民谋幸福。这一理念体现了劳动教育的根本目标，即通过教育培养学生为社会、为人民服务的使命感和责任感。在新时代，劳动教育不仅仅是为了个体学生的发展，更是为了社会的繁荣与进步。通过劳动教育，学生将深刻理解自己的劳动与社会的联系，从而更好地为人民谋求幸福、为国家谋发展。

新时代劳动教育要尊重广大劳动者。这一要求体现了对劳动者的尊重和重视，使劳动者不仅是生产力的创造者，更是社会的支柱。通过劳动教育，学生将深切认识到劳动者的价值和贡献，形成尊重劳动的良好态度。这也有助于打破传统对脑力劳动与体力劳动的二元对立，使全体劳动者在社会中享有平等的地位与尊严。

新时代劳动教育要建立与劳动者深厚的感情。这一方面是对劳动者情感的关照，另一方面是培养学生对劳动的热爱。通过实际参与劳动，学生将更好地理解劳动者的辛勤与付出，建立起与劳动者共鸣的情感纽带。这有助于激发学生对劳动的兴趣，使其在劳动中找到成就感与自我实现。

新时代劳动教育要创造一种尊重、热爱和崇尚劳动的社会主义文化。这意味着劳动不再仅仅是一种手段，更是一种价值观念。社会应当创造一种文化氛围，使劳动成为人们生活的乐趣，将尊重劳动、热爱劳动、崇尚劳动融入社会的日常行为与价值体系之中。通过这样的文化建设，新时代劳动教育将在社会中得以深刻体现，推动着人们对劳动的新认知与新体验。

（三）高职院校劳动教育

职业教育作为一种类型教育，同时也被称作为跨界教育。职业教育是面向大众和社会，在教育界和劳动界架起的一座纵横交会的立交桥。对于高职院校劳动教育概念的定义，既要充分考虑新时代劳动的特点，又要思考高职院校人才培养的特殊性。长期以来，高职院校的人才培养目标是以技术技能人才为主，导致在实施劳动教育时重视体力劳动，而忽视了脑力劳动，重劳动技能的培养而轻劳动素养、劳动观念的培养，这样导致了学生综合素质不高。但进入新时代，随着产业升级和经济结构调整不断加快，社会上各行各业对劳动者的综合素质要求越来越高，因此，加强劳动教育，培养高素质技术技能人才，提供优质人才资源支撑，是新时代赋予高职院校的重要历史使命。本文尝试做出如下定义：应国家之需，高职院校劳动教育基于职业教育的类型特点，以劳动理论教育为魂，以劳动实践教育为本，全面提高高职院校学生的劳动素养，培养新时代高素质技术技能人才的教育活动。

二、高职院校劳动教育的时代特征

（一）产业创新驱动下劳动呈现的新态势

2022年全国教育工作会议强调："跳出教育看教育、立足全局看教育、放眼长远看教育，准确识变、主动求变、积极应变，抓住重大机遇，开创教育新局面"和"要大力发展适应新技术和产业变革需要的职业教育"的新论述，阐明了职业教育高质量发展的基本态势。

1.人工智能为劳动教育带来挑战与变革

人工智能是对人的智能进行模拟、模仿、延伸，并进行实际应用的一门新技术科学。随着人工智能掀起了新的一轮科技革命和社会生产力变革，这对高职院校劳动教育提出了巨大的挑战。

（1）劳动方式的变革

随着人工智能技术的飞速发展，工业自动化和产业升级已经改变了传统的劳动方式。简单劳动逐步向复杂劳动演变，导致以人为主的劳动力市场面临冲击。新时代劳动者需要具备与机器竞争、对话、合作的能力，这对传统的劳动教育提出了更高的要求。学生在理念、专业和实践层面都需要适应新的劳动模式，培养机器时代所需的高技能。

（2）人工智能技术的劳动异化

人工智能的广泛应用使得工作中简单且可复制的任务被机器替代，劳动力的价值受到挑战。劳动者在劳动产品增值的同时，个体的劳动价值不断贬值。在这一背景下，高职学生面临更加严峻的劳动异化问题，劳动教育需要更灵活、深刻的教育方法来适应这一变革。

2.数字经济下脑力劳动与体力劳动的辩证统一

数字经济是继农业经济、工业经济后一种主要的经济形态，它以数据资源为主要的生产要素，以现代信息网络技术为主要载体，实现资源快速优化配置和经济高质量发展。

（1）数字经济下脑力劳动与体力劳动的辩证关系

数字经济是一种以数据资源为主要生产要素的经济形态，其核心在于充分利用现代信息网络技术，实现资源的快速优化配置和经济的高质量发展。数字经济的兴起标志着人类经济社会发展进入了新的阶段，其中脑力劳动扮演着至关重要的角色。在数字经济中，脑力劳动成为主导力量。劳动者通过运用头脑中的信息和知识，参与智力创造，推动数字经济的创新和发展。从信息的提炼、分析到创新性的应用，都需要高度的智力参与，体现了数字经济的头脑经济属性。

（2）脑力劳动与体力劳动的辩证统一

随着数字经济的不断发展，脑力劳动者面临新的挑战。信息更新迭代快，劳动者需要不断学习适应新知识，提高信息处理和创新能力。与此同时，数字经济也为脑力劳动者提供了更多的机遇，例如远程办公、在线协作等新兴模式，使得脑力劳动更为灵活高效。尽管数字经济主导了经济发展的前沿，体力劳动仍然是数字经济的坚实支撑。数字化生产依赖于硬件设备的制造、物流运输等实体环节，这些都需要体力劳动者的参与。体力劳动在数字经济中不仅提供了物质基础，还通过实际操作促进数字经济的健康发展。

辩证统一体现在数字经济时代对脑力劳动与体力劳动的共同需求。在实际工作中，脑力与体力劳动往往紧密相连，相辅相成。注重辩证统一有助于打破传统脑力与体力的二元对立观念，推动形成更加全面、协调的劳动力培养体系。

（二）劳动教育与职业精神培育相结合

职业精神与人的职业活动密切相关，体现了自身的职业特征和精神理念，以职业理想为价值导向，以职业道德为关键，形成稳定的职业操守、能力和自觉。高职院校职业精神是基于技术技能教育上的德育熏陶，体现了人与职业关系的精神启迪，是职业发展的积极感悟。

1.劳动教育与职业理想相辅相成

职业理想是个体精神世界的重要组成部分，是高职学生职业精神培育的核心内容，因此树立正确的职业理想对高职学生明确职业奋斗方向和找准人生定位意义重大。目前高职学生的职业理想随着时代发展与周围环境的影响呈以下特点。

（1）职业理想的塑造与高职学生的特点

随着时代的发展，高职学生作为"00后"群体，享受到国家经济发展的红利，个性显著，但在职业理想选择上表现出一定的随意性。缺乏对自身能力和职业规划的清晰认知，导致在设定职业目标时显得过于轻率，同时在面对困难时容易放弃既定目标。高职学生在实习和顶岗实习中接触社会和企业，形成初步的职业理想。然而，由于对岗位的不断细化和调整，学生面临着职业理想与实际挑战的心理落差。他们往往向往体面的城市工作，对基层平凡岗位缺乏信心，存在一定的盲目性。

（2）劳动教育的重要性与职业理想的塑造

为了引导高职学生明确职业奋斗方向和找准人生定位，劳动教育应该以职业全场景为导向。通过开展全方位的劳动教育活动，使学生在实践中逐渐认识到劳动不仅是谋生的手段，更是一种实现个人价值的途径。这有助于打破学生对职业的盲目和片面认识，培养学生全面发展的观念。通过劳动教育，高职学生可以形成适应自身发展需要的习惯，树立与自身发展相适应的职业理想。劳动教育不仅能够帮助学生认识到劳动的本质，还能够培养学生的责任感和使命感，使他们在职业理想的选择上更为理性，更加坚定。

职业理想作为个体精神世界的核心组成部分，对于高职学生而言，树立正确的职业理想不仅能够帮助他们明确职业奋斗方向，还能够在面对挫折和困难时提供强大的内在动力，引领他们走向更加充实和有意义的人生道路。

2.劳动教育与职业道德相得益彰

（1）职业道德与劳动教育的紧密关系

职业道德作为劳动者道德职业化的反映，不仅为广大职业人提供内在动力，更因承载企业文化和价值观而在社会中得到赞誉。具体而言，职业道德涵盖了爱岗敬业、诚实守信、办事公道、热情服务、奉献社会等方面，是塑造优秀职业人才的重要标志。劳动教育作为培养学生全面素质的途径，与职业道德有着天然的关联。在劳动教育中，蕴含着培养学生工匠精神和爱岗敬业态度的目标，这直接促进了职业道德思想的升华。劳动教育的实践性特点也为学生内化职业道德规范提供了独特的机会。

（2）劳动教育与职业体验的有机结合

《新时代公民道德建设实施纲要》提出了通过职业体验培养受教育者职业道德的思路。职业体验是在特定的职业工作场景中，通过亲身实践提升对职业的认识、培养对职业的情感，并最终实现内化职业道德规范的过程。在这一过程中，劳动扮演着关键的角色。劳动教育的实践性是与职业体验密切相关的。劳动教育通过强化实践体验，使学生亲历劳动过程，提升育人实效性。实践中的劳动过程既是培养学生工匠精神和爱岗敬业的有效途径，也是实现职业体验育人的全过程。

劳动教育与职业体验相结合，不仅在技能上提升学生的职业素养，更在精神层面塑造学生的职业道德观念。通过实践中的劳动，学生能够深刻体验到职业道德的内涵，使之在未来职业生涯中具备更强大的道德素养和职业情感。

（三）劳动教育与就业创业相结合

1.劳动教育与就业同向同步

（1）当前高职毕业生就业形势

相关数据显示，2022 年高职专科毕业生达到 516 万人，创下历史新高。这庞大的毕业生规模和增量使高职学生面临严峻的就业挑战。与此同时，高端制造业出现了"用工荒"的现象，近七成企业遭遇了"用工荒"的考验，其中技能型蓝领和普工的紧缺情况日益突出。

（2）学生就业观的误区与问题

近年来毕业生中的 00 后群体在就业观方面呈现出独特的认知，具有多元化的兴趣和选择，对工作有着较高的要求，使得他们难以找到满意的职业。这一现象部分源于他们未能树立正确的就业观，对就业认识不清晰，存在片面追求高薪的问题。造成"用工荒"现象的原因之一在于学生未形成正确的就业观。一些毕业生可能缺乏对实际工作的了解，过分追求高薪、排斥去基层或企业一线工作，导致高端技术人才和技能型蓝领的严重缺口。

2.劳动教育与创新创业同力同行

近年来，国家政策明确指出高等学校应注重围绕创新创业开展实践活动，包括实习实训、专业服务、社会实践、勤工助学等。这一政策导向明确要求职业院校将劳动教育与创新创业教育相融合，为学生全面成长提供更多机会。学校在育人工作中面临新的要求，劳动教育和创新创业教育的融合发展成为迫切的需求。学校需要与时俱进，使两者相互促进，共同为学生的综合素质提升贡献力量。

（1）育人目标的一致性

创新创业教育的核心目标是培养学生的创新意识、创新能力和社会责任感。学校致力于培养学生成为具有创新能力的综合型人才，这与新时代劳动教育的目标相一致。劳动教育的目标也需要围绕产业发展，将学生培养成为适应新时代产业需求的创新型人才。因此，劳动教育与创新创业教育在育人目标上存在内在的一致性，都强调培养学生的创新能力。

（2）教育内容的融通

随着技术的不断发展，新时代劳动教育强调发挥主体作用，激发学生创新创造的能力。创业教育则侧重于在实际教学中培养学生创造性地解决问题的能力。劳动教育中同样强调"创造性的解决问题"，这为两者内容的融通提供了契机。劳动教育注重培养学生面对挑战时的劳动态度，而创业教育强调的是在挑战性劳动中培养创新思维。因此，劳动教育和创业教育均应关注"创造性劳动的知识和能力"，通过创造性劳动教育实现两者的有机融合。

（3）教育方式的一致性

由于劳动教育和创新创业教育具有实践属性，实践成为二者的共同教育方式。学生通过参与实际的劳动和创业项目，锻炼实践能力，培养解决实际问题的能力。新时代劳动教育强调学生的主体作用，激励创新创造。这与创新创业教育中强调学生挑战性劳动的理念相契合。因此，高职院校劳动教育需要体现时代背景下学生特点，明确产业发展下劳动教育的新趋势。

第二节　劳动教育在高职院校中的地位和作用

一、劳动教育在高职院校的地位

（一）劳动教育在高职院校课程设置中的地位

1.核心课程体系的构建

高职院校在构建核心课程体系时充分认识到劳动教育在学生全面发展中的关键地位。劳动教育不再是一个独立、边缘的课程，而是被纳入核心课程的范畴，体现了对学生多方面能力培养的重视。这种转变旨在使学生既能够熟练掌握专业知识，又能够通过劳动实践不断提升实际操作技能，形成一体化的职业素养。

不同专业的劳动教育课程的设置充分考虑到专业特点和市场需求。在高职院校中，不同专业之间存在差异，因此劳动教育的内容需要与专业知识相结合，以确保学生能够在未来职业生涯中更好地运用所学。例如，在工科类专业中，劳动教育课程可能更注重实际操作技能的培养；而在文科类专业中，劳动教育课程可能更侧重于实际应用场景的模拟和分析。这种差异性设置体现了对不同专业学生的个性化关照，使其在学术和实践上都能够得到充分的支持。

高职院校的核心课程体系通过系统的学科体系，将劳动教育与专业知识有机融合。这种融合不仅仅是简单地将劳动教育和专业知识并列，更是通过深度的整合，使两者相辅相成，相得益彰。例如，一门涉及计算机科学的专业课程可以融入相应的实际项目，让学生在实际操作中学习编程技能。这种融合模式有助于突破传统学科之间的界限，培养学生的综合能力，增强他们在实际工作中的适应力。

高职院校的核心课程体系构建旨在使学生具备丰富的劳动经验。劳动教育不再仅仅停留在课堂上的理论学习，而是通过实践性的课程设置，使学生能够亲身参与各类实际项目，积累实际工作经验。这种经验的积累将为学生毕业后更好地适应职业生涯提供有力的支持，使他们能够更快速地融入工作环境，展现出更高水平的专业素养。

总的来说，高职院校在构建核心课程体系时对劳动教育的重视体现了对学生全面素质培养的追求。通过整合不同专业的课程内容，深度融合劳动教育与专业知识，以及通过实践性的项目让学生获得丰富的劳动经验，高职院校致力于培养既具备专业素养又具备实际操作技能的复合型人才。这一核心课程体系的构建不仅满足了市场对人才的需求，也使学生在未来的职业发展中更具竞争力。

2.实践性强化的关键节点

关注实践性的课程设计的关键节点在于确定实践活动的类型和范围。高职院校在课程设置中首先需要明确定义何为实践性，以及实践活动的种类和深度。不同专业可能涉及的实践内容有所不同，因此需要在专业特点和市场需求的基础上，确定适合学生发展的实践型活动。这一过程需要学校与相关产业和企业保持密切联系，深入了解实际工作中所需的技能和经验，以便更有针对性地设计实践性的课程。

确定实践型课程的时间节点是关键的实践性强化节点之一。为确保学生在校期间有充分的实践经验，高职院校需要合理规划实践性课程的时间安排。这包括确定实践性活动的频率、时长和具体时间点，以及如何与其他理论课程相衔接。合理的时间节点安排有助于学生在学业和实践中取得平衡，确保实践性活动既能够深入实质，又不影响其他学科的学习进度。

实践性强化的关键节点在于设计合适的评价体系。为确保实践型课程能够有效地强化学生的实际操作能力，高职院校需要建立科学合理的评价体系。这包括明确实践性课程的评估标准、考核方式以及实践成果的评价方法。评价体系应该能够全面、客观的反映学生在实践中的表现，激励学生主动参与实践活动，形成对实际工作需求的深刻理解，同时为学生提供有效的反馈，促使其在实践中不断提升。

实践性强化需要注重实践与理论的有机结合。高职院校在设计实践型课程时，不能简单地割裂理论和实践，而应该通过有机结合，使两者相互促进、相互强化。实践性活动应该基于学生已经学到的理论知识，同时实践中的问题和挑战也可以反哺理论课程，促使学生更深入地理解专业知识。这一关键节点需要高职院校精心设计实践性活动，确保它们能够与理论课程形成良好的互动，使学生能够真正领会专业知识在实践中的应用。

在高职院校中，实践性强化的关键节点的合理设定和有效实施，将有助于学生更好地应对未来职业挑战。通过明确实践活动的类型和范围、规划实践性课程的时间节点、设计合适的评价体系以及实现理论与实践的有机结合，高职院校能够更好地培养学生的实际操作能力，提高其职业竞争力。

3. 跨学科整合的创新探索

跨学科整合的创新探索要建立在明确劳动教育的核心目标基础上。高职院校在进行跨学科整合时，首先需要明确劳动教育的核心目标，包括培养学生实际操作能力、提升解决实际问题的能力、促进创新思维等。这一明确的目标将有助于确定跨学科整合的方向和内容，确保不同学科的整合是为了更好地实现劳动教育的核心使命。

建立跨学科整合的团队是创新探索的重要环节。不同学科的教师需要形成密切的合作关系，共同参与劳动教育课程的设计和实施。建立团队需要跨学科专业知识的交流和共享，为此，高职院校可以设立专门的跨学科劳动教育研究小组，组织定期的研讨会、培训班等活动，促进师资之间的沟通与合作。

整合各学科知识的课程设计需要注重学科间的平衡。不同学科之间存在差异，因此在整合课程时需要保持各学科的平衡，使课程内容既具有足够的深度，又能够涵盖多个学科领域。例如，在一个涉及工程设计的劳动教育课程中，工程学、艺术设计、材料科学等多个学科的知识可以有机融合，使学生在实际项目中综合运用不同领域的知识和技能。

跨学科整合的创新探索需要建立有效的评价机制。高职院校应该根据整合课程的目标和设计，建立科学合理的评价标准和方法。这一评价机制不仅要考查学生在具体劳动项目中的表现，还要评估其跨学科应用知识的能力。通过评价机制，可以及时发现整合课程的问题和不足之处，为不断改进提供有力支持。

通过以上步骤的创新探索，高职院校可以实现更有深度和广度的跨学科整合，为学生提供更为全面和实用的劳动教育体验。这不仅有助于学生跨足多个学科领域，培养出更具综合素质的人才，也推动了高职院校教育体系的不断创新和发展。

（二）劳动教育在高职院校学生发展中的角色与影响

1. 学生综合素质的提升

劳动实践作为提升学生综合素质的重要途径，需要有系统地规划和设计。高职院校可以在课程设置中充分融入劳动教育元素，确保学生在校期间能够参与多样化的劳动实践活动。这些实践活动既可以包括专业相关的实训，也可以涉及社会服务、创新项目等多个领域，以全方位地培养学生的素质。

劳动教育应该注重个性化发展，促进学生在实践中发现和培养自己的特长。不同学生在劳动实践中可能展现出不同的擅长领域，因此高职院校应该通过劳动教育，引导学生发现和发展自身的兴趣和特长。这有助于激发学生的学习兴趣，增强他们在特定领域的深度学习和实践能力。

学生在劳动实践中应该获得有针对性的指导和反馈。高职院校可以建立健全的实践指导体系，为学生提供专业教师的指导和企业导师的帮助。这样的指导体系有助于学生更好地理解实际问题，及时纠正错误，提高实践过程中的学习效果。

高职院校可以通过对学生劳动实践成果的评价，建立完善的素质评估体系。这个体系应该综合考查学生在实践中表现出的专业技能、团队协作、创新能力等多个方面，为学生的全面素质提升提供有力的证明和支持。

2. 职业意识的形成

职业意识的形成是劳动教育中的一个首要目标。高职院校应该通过有计划的劳动实践活动，引导学生深入了解自己所学专业的实际运作。这可以通过校企合作、实习实训等形式实现，让学生亲身参与和体验专业领域的实际工作，使其对所学专业有更为全面和深刻的认识。

高职院校可以通过开设专门的职业规划与发展课程，帮助学生系统地了解各个职业领域的发展趋势、就业前景等信息。这些课程可以包括职业导向的讲座、行业研究、就业形势分析等，为学生提供全面的职业信息，使其在劳动实践中更好地定位自己的职业方向。

劳动教育应注重培养学生的团队协作和沟通能力，这是职业领域中必不可少的素质。通过团队劳动实践，学生能够更好地理解在职业环境中与他人协作的重要性，培养良好的团队意识。这对于学生将来在职场中更好地适应团队工作、协调职业关系至关重要。

高职院校应该鼓励学生进行职业实习，提前接触实际工作环境。通过实习，学生可以更加直观地感受职业领域的挑战和机遇，形成对职业的更为深刻的认识。实习经历既是对所学知识的实际运用，也是对职业生活的一次真实的预演，促使学生更积极地面对未来的职业发展。

通过以上措施的有机结合，高职院校可以在劳动教育中促使学生职业意识的形成。这种全方位、多层次的培养模式将有助于学生更好地认识自己的兴趣和潜能，提高对职业的认同感和责任心，为其未来的职业发展奠定坚实基础。

3. 人际关系与团队协作的培养

劳动教育通过组织学生参与各类实际劳动项目，促进了他们与同学之间的人际关系建设。在劳动实践中，学生需要协同工作、共同完成任务，这促使他们建立了更为密切的联系。通过面对共同的目标，学生在劳动中培养了互信、互助的态度，增进了同学之间的感情。这为他们未来在职场中建立团队合作关系奠定了基础。

劳动教育注重培养学生的团队协作技能。在实际的劳动实践中，学生需要与他人密切合作，共同应对各种挑战。这种团队协作的经历使得学生能够更好地理解和尊重他人，培养了在集体中发挥个人优势，协调一体的团队合作精神。通过团队协作，学生不仅学会了彼此沟通，共同解决问题，还培养了适应多元化团队的能力。

劳动教育强调在实际工作中的协作经验。通过与企业实践中的同事合作，学生进一步锤炼了自己的人际关系和团队协作技能。与企业实际项目的合作不仅使学生接触到真实的工作场景，更要求他们与企业中不同职能的人员协同工作。这样的经历使学生更具职场敏感性，提高了在未来职业社会中与不同层级、专业背景的人合作的能力。

劳动教育还可以通过模拟实际工作场景的方式，提供更真实、具有挑战性的任务，让学生在任务完成的过程中培养团队协作和沟通的技能。通过这样的模拟，学生能够更好地理解在真实的职场环境中所需的人际关系和团队协作能力，为其未来的职业发展打下坚实基础。

通过以上努力，高职院校可以通过劳动教育，全方位培养学生的人际关系与团队协作能力。这种培养模式将使学生在未来的职业社会中更好地适应团队合作的需求，增强职业竞争力，为其职业发展打下坚实的人际基础。

4. 创新与问题解决能力的培养

劳动教育通过实践性和动手能力的培养，为高职院校学生的创新能力奠定了基础。实际劳动是一个动手实践的过程，学生在具体的操作中接触到真实问题，需要通过创新的思维方式来解决。在实践中，学生面对的问题可能涉及多个方面，包括技术、流程、团队协作等，这促使他们不断思考、尝试新的解决方案，培养了解决问题的能力。

劳动教育通过引导学生参与实际项目，特别是与企业进行实践合作，使其在实际工作场景中面临更为复杂和具体的问题。这种实际合作不仅加深了学生对实际工作的理解，更培养了他们主动探索、创新解决问题的积极态度。与企业合作的项目可能涉及新技术、新领域，学生需要具备跨学科的思维和创新意识，从而更好地适应未来职业发展的需求。

劳动教育强调实践中的创新，通过项目式的实践活动，鼓励学生提出并解决实际问题。这种创新型的实践可以包括产品设计、工艺改进等方面，使学生在实际的劳动中不断挑战自己的思维和能力，培养了创新的意识和实践能力。通过这样的实践，学生在解决问题的过程中培养了批判性思维、创造性思维等能力，为他们未来的职业发展提供了坚实的基础。

劳动教育通过模拟实际工作场景，提供有挑战性的任务，激发学生的创新潜力。这种模拟能够使学生在更为真实的情境中进行创新实践，培养他们在不同情境下灵活应对问题的能力。模拟实践中的创新性要求学生具备对问题的深刻理解和全面思考，促使他们形成多元化的解决方案，培养了解决实际问题的综合能力。

二、劳动教育的作用与价值

（一）为我国高质量发展提供人才支撑

"培养什么样的人"是人才培养目标所涉及的核心问题。这一问题既是教育的价值取向和出发点，也是决定教育类型的至关重要的因素。在普通高等教育中，人才培养的定位主要侧重于培养"学术性"和"研究性"人才；相反，在高职院校，人才培养的焦点更多地放在"应用型"和"技能型"人才的培养上。因此，高职院校人才培养目标的设定直接塑造了院校的定位、学科知识体系、学生应具备的能力和素养等方面。这些目标不仅仅是高职院校办学的指导思想，更是评估人才质量的重要标准。

1.服务国家人才战略需要

党的二十大报告明确了深入实施"人才强国"战略的重要性，并强调了"坚持党管人才原则，坚持尊重劳动、尊重知识、尊重人才、尊重创造，实施更加积极、更加开放、更加有效的人才政策。"在实施人才强国战略的过程中，关键任务之一是将提高职工队伍整体素质作为一项战略任务加以推进。国家教育制度建设在这一过程中起着关键作用。

从战略层面来看，对党的教育方针的历史演变进行回顾，始于中华人民共和国成立初期的"德、智、体"，经过改革开放时期的"德、智、体、美"，演进至新时代的"德、智、体、美、劳"。党的教育方针在层层推进中不断充实提高，充分体现了党中央对基本国情的深刻认识，符合了教育教学规律，遵循了学生的成长规律，适应了社会主义新时代人才培养的要求。在当前形势下，实行"五育并举"统筹推进，明确表示德、智、体、美、劳是相辅相成、相得益彰的关系，同时也反映了对劳动教育注重全局性和整体性发展的重视。

在落地层面的实践中，劳动教育作为素质教育的关键组成部分，其实施方案紧密结合了大中小学各学段教育的特点。通过根据职业教育制定课程建设标准，规划和实施劳动教育，完善了劳动教育评价机制，并制定了劳动教育保障制度和劳动安全保障等体系。这些方案具备良好的指导性、执行性和可操作性，不仅对学校层面学生素质教育的全面推动起到积极作用，也对教育层面德智体美劳全面发展的系统推进发挥着关键作用。更为重要的是，这些实践措施生动的体现了我国人才强国发展战略的全面贯彻。

2.落实高职院校人才培养目标

高职院校人才培养目标的定位随着国家职业教育方针政策的调整而有所不同。1992 年，教育部发布的《中国短期职业大学和电视大学发展项目报告》和《国务院关于大力发展职业技术教育的决定》明确了高职教育的目标是培养"技术型人才"。随后，1995 年全国高等职业教育研讨会明确指出"高职教育是培养在生产服务第一线工作的高层次实用人才"，而在 2000 年后，我国相继颁布了《关于加强高职高专教育人才培养工作的意见》《关于推进高等职业教育改革创新引领职业教育科学发展的若干意见》等文件，将高职教育的培养目标定位于"高端技能型人才"。而在 2022 年 5 月 1 日重新修订的《中华人民共和国职业教育法》中明确提出，国家要采取措施提高技术技能人才的社会地位和待遇，弘扬劳动光荣、技能宝贵、创造伟大的时代风尚。

然而，在当前情况下，高职院校大学生的劳动态度、劳动观念以及劳动技能上的认知误区和实践短板导致了毕业生在就业过程中面临着下不去、留不住、干不好的问题。这与我国经济发展进入高质量阶段，但仍然存在劳动力供给总量不足、结构性矛盾凸显、劳动生产率偏低等问题有关。因此，为实现职业教育高质量发展，必须将培育高素质劳动者作为根本任务和重要支撑。高职院校劳动教育的培养目标旨在使学生能够全面把握知识、能力和素养，并将其整合并创造性地应用于社会生活和生产中。这样的培养目标使学生不仅能掌握专业技能，还能获得在社会中实现自我价值的能力。因此，强调劳动教育要在高职院校人才培养的全过程中深度融合，与职业教育、专业教育、思想政治教育、文化知识教育等方面实现深度融合，推动教材开发、课程设计、实践教学和目标考核等方面的实施和深入。

（二）落实立德树人的根本任务的需要

1.健全德技并修育人机制

国务院发布的《国家职业教育改革实施方案》明确提出，要切实落实好职业教育的根本任务，即立德树人。其中，强调健全德技并修、工学结合的育人机制，并完善相应的评价机制，以规范人才培养全过程。德技并修的理念着重于在强调技术技能培训的同时，更加注重对学生品德的培养。品德在此指的是道德品质的统称，是个体在道德行为准则的约束下所表现出来的稳定特征。

高职学生的品德教育是一个逐步培养的过程，包括"知、情、意、行"，这构成了德育的四个重要环节。劳动教育作为德育的一个关键组成部分，被视为认知和了解社会的重要途径，为学生形成健康人格和促进未来良好发展提供了沃土和催化剂。

在劳动教育的过程中，深化学生对劳动的认知，使其在劳动中加强对劳动的理解和认识成为基础。这种正确的认知是转化为劳动行为和劳动习惯的前提条件。只有形成了正确的认识，学生才能在劳动中培养出积极的劳动情感，从而投身于劳动过程中。在劳动中，学生自觉克服困难和排除障碍，从而不断磨炼自身的意志和培养健全的人格。这种过程培养出了学生艰苦奋斗、勤俭节约、诚实守信等积极的劳动品质。

最终，在这些意志和品质的支配下，学生能够将这种意志力转化成真正的"行动"和"劳动"。他们努力践行辛勤劳动、诚实劳动、创造性劳动，从而更加珍惜劳动成果。这种综合培养不仅仅涵盖了技术技能，更关注学生整体素养的提升，体现了职业教育的全面性和深度。

2.践行社会主义核心价值观

社会主义核心价值观，作为中国特色社会主义的价值理念，不仅是全社会思想价值体系的核心，更是引领着人们的思想和行为。高职院校在践行社会主义核心价值观方面，特别注重劳动教育，因为劳动教育在塑造学生的社会观、价值观和品德上发挥着关键作用。通过因地制宜、因势利导、因时而变的劳动教育，可以更好地引导学生在劳动中树立社会主义核心价值观。

首先，从国家层面看，劳动教育被认为是贯彻社会主义核心价值观的最佳途径。劳动被视为社会发展的基石，是中国经济崛起的助推器。通过劳动，全体中华儿女发挥主人翁的精神，为中国的经济繁荣和全面建成小康社会贡献力量。劳动教育不仅是传承中华民族劳动精神的途径，更是培养学生为实现中华民族伟大复兴而团结奋斗的意识和信念的关键。

其次，在社会层面上，劳动教育有助于形成"劳动的绝对自由，是劳动创造幸福的最好条件"的理念。国家的迅速发展会反作用于劳动，提高劳动效率、转变劳动方式、保障劳动者权益将促使社会更加平等和谐。劳动教育使人们更加了解劳动的价值，使社会精神文明水平提高，自由平等公正法治的美好社会就能更迅速地变为现实。

从个人层面来看，青年学生作为中华民族伟大复兴的生力军，劳动教育中培育的尊重和热爱劳动的情感，以及良好的劳动品德，将成为其内在的公民职业道德。这种道德内化，如依法履约、诚实守信、勤俭节约、吃苦耐劳等，不仅是对个人自身的要求，更是为爱国、敬业、诚信、友善等核心价值观提供了内在的支持。通过劳动教育，学生能够更好地将个人理想与祖国发展紧密联系起来，为个人幸福、社会进步、国家富强而不断努力。

高职院校在加强学生劳动教育方面，应当注重将社会主义核心价值观融入教育的方方面面。首先，课程设置要与核心价值观相契合，使学生在专业知识学习的同时，也能够理解和感受社会主义核心价值观的深刻内涵。其次，学校要创造良好的教育环境，包括营造尊重劳动、崇尚奉献的氛围，通过各类实践活动培养学生的实际动手能力，使之在劳动中感受到价值的实现。同时，通过社会实践、企业合作等形式，将学生置身于真实的劳动环境中，使他们能够更好地理解和实践社会主义核心价值观。

（三）贯彻产教融合的职教理念的需要

1.遵循现代化职业教育发展规律

我国现代职业教育在短短几年内取得了显著的发展，从 2014 年《关于加快发展现代职业教育决定》到 2021 年《关于推动现代职业教育高质量发展的意见》的相继颁布，凸显了我国在这一领域的高效推进。现代职业教育的发展已经形成了一系列显著的特征，这与社会的转型和产业结构的调整密切相关。在这一进程中，职业教育呈现出多元化办学、产学研深度结合、以就业为导向的人才培养、强化实践能力等重要特点。

第一，产学研深度结合的多元化办学趋势是现代职业教育的鲜明特征之一。这种趋势要求学校与产业深度结合，形成政府、企业、社会和学校共同办学的新模式。其中，校企合作被强调为关键环节，要求建立共同办学的合作模式，共建基础设施、实训基地等。这种多元化的办学趋势不仅能够更好地满足社会对人才的需求，还有助于提升学生的实际应用能力，使其更好地适应社会和行业的发展。

第二，现代职业教育注重培养人才以就业为导向，使人才与市场紧密对接。这一特点体现了职业教育的实用性和实效性。学校通过与企业建立紧密的联系，了解市场需求，调整专业设置，确保培养的人才更符合社会的实际需要。这种以就业为导向的人才培养模式为学生提供了更多的职业发展机会，也有助于提高社会对职业教育的认可度。

第三，强化实践能力成为现代职业教育的重要目标。通过培养学生一技之长，使其能够在特定领域内具备实际操作的能力，实现个人的人生价值。这一特点不仅强调了对实践技能的培养，也促使学生形成自主学习和实践的良好习惯。这种实践导向的教育理念有助于学生更好地适应职业发展的挑战，提高其职业竞争力。

基于生态系统理论，现代职业教育中的劳动教育作为支持系统的重要组成部分，需要学校、家庭、社会和学生等多方面共同参与。对于高职院校而言，学校的支持包括专题教育必修课、双师型的教师队伍、教学支持等。而家庭的支持则涵盖父母的言传身教和家风的熏陶。社会支持主要来自政府、企业和其他方面。学生则是内在驱动因素，自我参与和其他因素的综合体现。

劳动教育在现代职业教育中具有不可或缺的重要性。其作为综合育人工程的一部分，需要多方共同参与。这与高职院校坚持产学研深度融合的理念相契合。劳动教育的支持系统需要充分发挥学校、家庭、社会和学生等各个方面的作用。劳动教育不仅有助于学生培养实际操作能力，更能够通过多元化的支持系统推动职业教育制度建设，使其体系保障日臻完善。

在支持系统中，学校可通过专题教育必修课的设置，引导学生树立正确的劳动观念，培养实际操作技能。双师型的教师队伍则可以提供专业知识和实际操作的结合，使学生能够更好地理解和掌握所学知识。教学支持则为劳动教育提供了更加全面的保障。

同时，家庭的支持在劳动教育中也具有重要作用。父母的言传身教和家风的熏陶，能够在学生的成长过程中形成正确的价值观和道德观念。通过家庭的支持，学生能够更好地理解劳动的价值，形成热爱劳动、尊重劳动的态度。

2.贯彻创造性劳动实现"制造强国"

进入新时代，我国经济体系发展的目标日益突显质量第一、效率优先的特征。在这一时代背景下，制造业的转型升级成为刻不容缓的任务。新一代技术革命催生了数字经济、绿色制造业、智能制造业等新兴产业，为我国制造业的创新发展提供了前所未有的机遇。《中国制造2025》和《制造业人才发展规划指南》等政策文件进一步强调了技术技能人才的培养和创造性劳动人才队伍的建设，以推动中国制造业走向更高水平。

高职院校在这一背景下承担着为制造业发展提供高素质技能人才的重要职责。然而，当前我国的制造业面临的问题是，工人从事的多是低水平的重复性工作。这些工人面临着工资低、工作环境差、发展前景不佳等问题，同时还面临着自动化和机器人取代的失业风险。为了实现制造业的强国梦想，关键在于通过培养创造性劳动力，推动技术革新。新时代对新技术的需求，呼唤着更具创造性的劳动力，而创造性劳动正是实现技术革新的有效手段。

创造性劳动对高职学生具有强烈的吸引力。它不同于传统的机械式、重复式劳动，更加强调脑力劳动。创造性劳动要求不断根据经济发展的形态、趋势和特点，及时调整、不断与时俱进。具有高创新性、高价值性、高风险性等特征，这为学生提供了更为有趣、具有挑战性的工作环境。然而，目前职业院校学生中存在不愿从事蓝领工作的情况，主要原因是工资待遇低、工作环境差、发展前景不佳、生活单一等。这反映了学生缺乏一定的劳动意识，同时也受到长期单调的工作环境的影响。

要实现创造性劳动的培养，需要在高职院校中加强相应的教育和培训。一是，学校应该调整课程设置，更加注重培养学生的创造性思维和实际动手能力。通过专业课程和实践项目，激发学生的创造性意识，培养他们对新技术、新工具的发现和尝试的能力。二是，建设双师型的教师队伍，使得学生能够在专业知识的同时，更好地理解并掌握实际应用能力。这种双师型教师不仅需要具备扎实的专业知识，还要具备实践经验，能够引导学生在实际工作中不断创新。三是，学校应提供良好的教学支持，包括实验室设施、实训基地等，为学生提供更为全面的学习环境。

总体而言，高职院校要实现创造性劳动的培养，需要紧密结合现代制造业的发展需求，加强学科建设，提升师资队伍的水平，创新教学模式，为学生提供更多的实践机会。通过努力，高职院校将成为推动我国制造业创新升级的重要力量，为实现制造业强国的目标作出应有的贡献。

（四）培育大国工匠的精神内核的需要

1. 遵循技术技能人才成长规律

新修订的职业教育法明确提出了"建立符合技术技能人才成长规律的职业教育制度体系"，突显了对技术技能人才培养的深刻认识。在我国，培养高级工需要 8 至 10 年，技师需要 12 年，高级工需要长达 15 年。这说明技术技能人才的培养是一个持续且复杂的过程，要适应个体发展规律和技术发展的融合。

技术技能人才的培养是一个一体化和渐进工程，包括职前和职后两个紧密相连、不可割裂的阶段。职前阶段的重点在于协助学生获得准入资格，使其达到入职要求，而不宜将培养目标拔得过高。在这一阶段，职业教育需要关注学生的基本技能和素质培养，为其未来的职业发展奠定基础。而职后阶段的培养目标则应定位于"进阶"层次上，助力技术技能人才在企业中取得较高职业发展层次。一体化规律强调了培养过程的连贯性，注重学生在不同阶段的需求和成长。

技能人才培养一体化规律与劳动教育的一体化规律相辅相成。在教育目标、人才培养目标等方面，二者相互融会贯通、一脉相承。我国大力提倡大中小学劳动教育一体化，确保劳动教育培养目标的完整性。这一规律在高职劳动教育中得到了更为深刻的体现，把握了高职学生的年龄成长规律、竞争成才规律、师承效应规律等，更好地适应了高职学生自身发展和经济需求。

在高职院校中，劳动教育与技术技能人才的培养相辅相成，相互促进。高职学生大多从中职和高中起点，已经在中小学阶段接受了基础的劳动教育，具备了初步的劳动技能、劳动品质和职业意识。进入高职院校后，通过与专业结合的劳动教育，学生不断掌握了与专业相关的实际操作能力，形成了更为深入的劳动品质和职业态度。产教融合、实习实训等与劳动教育的融合，使学生在校期间逐步培养了"干一行爱一行"的工作态度，促使他们对工作进行深入思考与探索。毕业后进入企业，受到真实的工作劳动环境和周围劳动工匠的影响，劳动将成为他们提高融合能力、生长能力的推动力量，进而实现更高水平的职业发展。

综合而言，技术技能人才的成长规律需要遵循一体化和渐进的原则，结合职前和职后两个阶段，更好地适应个体发展和技术发展的要求。高职院校在此过程中应当充分发挥劳动教育的作用，与技术技能人才培养形成相辅相成的关系，为培养更具综合素养的高级技术人才做出积极的贡献。

2.有利于大力弘扬"工匠精神"

工匠精神源远流长，扎根于中国千年文明的沃土。古代中国以其四大发明和巧匠艺人的杰出贡献，展现了独特的工匠精神。从鲁班的"雕木成凰"到中国瓷器的独特工艺，这些传世之作都彰显了制造与智慧相结合的创新精神，以及知行合一的实践精神。这一精神传承至今，成为中国文化的瑰宝。

新时代下，政府强调弘扬工匠精神，培育工匠文化，提倡精益求精，是推动中国经济步入高质量时代的迫切需求。这一精神要求人们在工作中追求卓越，追求更高的质量，促进中国品牌的全球影响力。劳动教育作为培育工匠精神的主要实现形式和载体，成为实现这一目标的关键环节。

劳动教育不仅是培养学生实践技能的过程，更是塑造其工匠精神的重要途径。在劳动实践中，学生通过每一件小事做好做细，培养"精益求精"的质量意识。劳动教育引导学生在平凡的工作岗位上展现出专业专注的工作精神，一丝不苟对待工作的态度。这种精神，正是工匠精神的具体体现，通过劳动教育逐步深化、升华。

在劳动教育中，工匠精神在学生中具有应有之义。劳动教育注重培养学生的劳动素养，掌握娴熟的劳动技能。这正是工匠精神培养的必经阶段。劳动教育通过实践中的学习、知识与技能的掌握，让学生获得情感体验和价值观认同。这一过程培养学生对工匠精神的认同，从而使工匠精神在新时代焕发新的生命力。

综合而言，工匠精神的弘扬离不开对劳动教育的积极引导。劳动教育作为塑造学生工匠精神的桥梁，应当在培养实践能力的同时，注重培养学生对质量、卓越的追求，使工匠精神在每一个学子心中扎根发芽。这不仅有助于学生的全面发展，更有助于推动中国经济实现高质量发展，为构建现代化经济体系奠定坚实基础。

第三节　相关劳动教育理论的综述

一、劳动教育的研究综述

（一）关于劳动教育的研究

1.劳动教育内涵研究

在劳动教育内涵研究领域，郑程月和王帅对我国劳动教育的发展历程进行了梳理，从全面培养人才、树立道德风范、推动创新发展和人才评价四个方面对劳动教育进行了解读。檀传宝对劳动教育内涵的定义是指帮助学生养成优秀的劳动素养，促进劳动价值观的形成。在新时代的背景下，劳动教育也被赋予了新的时代内涵和性质。曲霞指出，新时代劳动教育的内涵主要体现在通过劳动进行的教育、关于劳动的教育以及为了劳动而进行的教育。王毅、王玉飞等学者认为，在人工智能时代，劳动教育的目标是强化对劳动的认同，提升劳动思维，以协作劳动为组织形式，实践为行动路径。赵海燕则指出，新时代劳动教育的内涵包括知识体系和实践体系。

总体而言，尽管学者们对劳动教育的理解存在差异，但他们的核心观点相一致，即劳动教育的目标是提升受教育者对劳动的思想认识，加强劳动意识，培养具有正确劳动价值观的人才。

2.劳动教育内容研究

随着时代的演进，劳动教育的内容也在不断变化。在新时代的背景下，班建武强调劳动教育的内容需特别关注消费教育和闲暇教育。马志霞和黄朝霞提出，新时代高校劳动教育的内容涵盖劳动观念、劳动素养、劳动精神以及劳动能力。詹青龙、孙欣等人认为，数字时代的劳动教育内容结构应围绕知识促使劳动、劳动促进思维以及思维培养品德这三个方面进行规划。冯孟在人工智能的背景下强调，劳动教育的内容应突出社会性和情感性，除了技术技能劳动外，重点加强情感劳动、公益性劳动和服务劳动教育。在新时期，劳动教育的内容日益贴近时代的发展。

3.劳动教育课程与教学的研究

目前，学者们对劳动教育课程和教学进行了深入研究。劳动教育课程不仅被视为一门独立的专业课程，还应被视为一门贯穿全学科的渗透性课程，与思政课程具有异曲同工之妙。此外，研究者们强调了对教学方法的丰富探索，以促使劳动教育在各个方面都能够全面渗透。徐长发提出，应强化政策的权威性和法治力度，恢复并确保劳动教育的独立学科和课程地位，构建相应的课程体系。倪娟认为，劳动教育课程不仅要继承"文化性"，还应结合时代性和民族性。中小学劳动教育课程承载着全面育人的价值，因此在实施过程中应注重在其他学科中的融入。王琳、张新成等学者以泰勒原理为基础构建劳动教育课程体系，强调劳动教育课程的目标在于正确认识劳动的价值，内容应丰富多元，实施时要优化劳动教育模式，最终提升劳动效果的课程评价，以完善高校劳动教育课程的构建。

（二）关于高职劳动教育的研究

1.高职院校劳动教育内涵研究

高职院校劳动教育的特质主要表现为职业性和专业性。邓红彬和曹刚认为，新时代的劳动教育是对当代职业教育价值需求的深刻反映，承担了高职院校教育教学的生产性、实践性和职业性。在此背景下，王强提出高职院校开展劳动教育应确立以培养专业技能人才为中心的原则，将职业性和专业性视为高职院校发展的两个核心点。在教育教学过程中，既要突出职业性，也要强调专业性。余开业强调高职劳动教育要结合职业教育的类型特征，发挥专业特色，培养学生职业技能和工匠精神，将劳动价值观念、劳动习惯、劳动品质、劳动技能等融入学生思维。王生雨和吴玉指出高职院校劳动教育应以工匠精神为价值指引，帮助学生适应未来社会和技术变革。在此背景下，王鑫明认为高职院校的劳动教育以实习实训为主要手段，与企业等社会资源紧密合作，侧重培养学生的工匠精神和劳动态度。毛平建议通过高职院校劳动教育，培养学生良好的劳动习惯和品德，树立正确的劳动态度和理念，同时掌握新的劳动技能。综合来看，高职院校劳动教育的核心目标是以工匠精神为价值指向，培养学生的劳动观念、劳动习惯和品德，使其掌握相关劳动技能。

2. 高职劳动教育的现状问题研究

通过文献综合分析，目前国内学者普遍认为我国高职院校劳动教育存在多方面问题。首先，大多数教师和学生对劳动教育缺乏全面认识，将职业技术教育简单等同于劳动教育。其次，家庭教育中缺乏对劳动教育的重视。此外，学校劳动教育的课程体系和评价机制存在不完善的情况。同时，社会教育、企业教育、行业教育的缺失也对劳动教育的综合育人价值产生负面影响，降低了其地位和作用。徐旦指出，高职院校劳动教育理念滞后，师生对劳动教育认识不足，且劳动教育形式化程度过高，忽视了其本质和规律。郑晓华的调查发现，高职院校劳动教育存在课程内容脱离专业课、内容单一、教学形式乏味等问题。

3. 高职劳动教育的实施路径研究

目前，关于加强高职院校劳动教育的实施路径主要涉及家庭、学校、社会、企业等多个方面，提出了全方位协同育人的建议。蒋士会和申婷玉认为，应构建职业教育与劳动教育"家、校、政、社"四位一体的协同育人体系。在家庭方面，林华开强调充分发挥家庭在劳动教育中的基础性作用。张丽仙也提出，家长要以身作则，创造良好的家风，从小培养孩子良好的劳动观念和习惯，提高日常劳动能力。

学校方面，盛亚东提出新时代高职院校应建立劳动教育理论支撑，构建完善的考核评价体系和课程体系，健全劳动教育的实施途径。刘效壮与朱岱霖建议高职院校构建包括志愿服务、劳动体验、勤工助学、工学结合和毕业实习的"五位一体"劳动教育实践体系。

在社会方面，需要广泛传播劳动精神。王东颖提出强化社会对劳动教育的认识，政府应制定相关政策支持劳动教育，形成全社会共同推动的宣传教育合力。这些实施路径的提出旨在全面协同家庭、学校、社会、企业等多方力量，促进高职院校劳动教育的全面发展。

二、新时代高职学生劳动价值观教育的主要内容

（一）树立最光荣、最崇高、最伟大、最美丽"的劳动观念

正确的劳动观念是树立科学劳动价值观的基石，是对高职学生开展劳动价值观教育的必要条件。

1. 劳动最光荣

劳动之伟大在于其对社会的不可或缺性。作为中国百年奋斗历程的见证者，我们深刻认识到从站起来、富起来到强起来的伟大飞跃，每一位劳动者都是这历史巨变中的积极参与者。党的奋斗历程中，劳动者始终是推动社会前进的中坚力量。他们的辛勤付出构成了国家繁荣的基础，彰显了劳动的不可或缺性。

劳动之光荣在于每位劳动者在价值创造中的主体地位。通过劳动，每个个体都在社会生产中发挥着重要作用。我们深知"光荣属于劳动者，幸福属于劳动者"。在教育中，我们应引导学生正确认识劳动者的地位，意识到每一位劳动者都是创造社会财富的中坚力量。同时，要使学生深刻领悟到在这个伟大历程中，他们也是推动历史前进的不可或缺的力量。

劳动之光荣体现在其对每个个体自身的价值实现的积极促进。个体通过参与劳动，实现自己的人生价值。在劳动的过程中，个体锻炼了自己的技能，提升了自身的素质，也因劳动而获得了生活的满足感和成就感。在教育中，我们应引导学生认识到劳动是实现个体自身价值的重要途径，鼓励他们投入到劳动中，通过劳动实现自我提升和个人价值的最大化。

劳动之光荣还在于其对社会和谐的积极影响。劳动是社会和谐的基础，是推动社会进步的动力。劳动者通过不懈地奋斗，为社会创造了财富，为国家繁荣作出了巨大贡献。在教育中，我们要培养学生的社会责任感，引导他们认识到个体的劳动对社会的贡献，激发他们投身到社会建设中，为构建和谐社会贡献力量。

2. 劳动最崇高

劳动之崇高体现在工匠精神对社会发展的巨大推动作用。工匠精神的"执着专注、精益求精、一丝不苟、追求卓越"不仅是一种职业精神，更是社会进步的强大动力。通过劳动，工匠们在各行各业创造了卓越的成就，为国家的繁

荣和社会的发展作出了重要贡献。在教育中，我们应当传承和弘扬工匠精神，引导学生认识到每一项劳动都可以是推动社会前进的力量，激发他们在自己的领域追求卓越、不断进取的信念。

劳动之崇高表现在劳模精神对培养学生的积极影响。劳模精神以"爱岗敬业、争创一流、艰苦奋斗、勇于创新、淡泊名利、甘于奉献"为内涵，是推动个体成长的强大精神动力。在教育中，我们要通过宣传劳模的典型事迹，让学生深刻领悟到在劳动的过程中追求卓越的精神，使他们形成勇攀科学高峰、甘于奉献的良好品质。

劳动之崇高反映在工匠精神和劳模精神对培养学生责任感的积极作用。工匠和劳模的奋斗历程不仅是技能的提升，更是责任的担当。在教育中，我们要引导学生理解到工匠和劳模们所展现的责任感，激发他们对社会、对工作、对家庭负责任的决心，使他们在未来的人生道路上成为有担当的一代。

劳动之崇高呈现在工匠和劳模对传统技艺和创新的双重关注。工匠和劳模在劳动实践中既传承了传统技艺，又不断追求创新和卓越。在教育中，我们要鼓励学生热爱传统文化，注重传统技艺的传承，同时激发他们勇于创新、不断超越自我的勇气，培养学生具备传统智慧和现代创新能力的综合素养。

3. 劳动最伟大

劳动之伟大体现在对世界历史的巨大贡献。通过对劳动在历史长河中的作用进行深刻的认识，我们可以发现，无论是古代文明的崛起还是现代科技的飞速发展，都离不开劳动的推动。农业、手工业、工业和现代服务业的发展都源于人类对劳动的不懈探索和努力。在教育中，我们应当引导学生理解到劳动对整个世界历史的塑造作用，使他们能够从宏观的角度看待劳动的伟大性，认识到个体的努力是整个历史进程中的微小而重要的一部分。

劳动之伟大表现在对人类本身的发展有着深远的影响。人的本质活动就是劳动，通过对劳动的不断探索，人类逐渐实现了从温饱到丰富、从原始社会到现代社会的发展。劳动是个体生存和发展的基础，通过劳动，人们形成了家庭、社会等各种关系，推动了人类社会的不断进步。在教育中，我们要引导学生认识到劳动对个体发展的不可或缺性，使他们明确自己在个体发展中的责任和使命。

劳动之伟大体现在对社会关系的塑造和产生的作用。通过劳动，人们建立了各种社会关系，形成了复杂的社会网络。这些关系既包括家庭关系，也包括职业关系、友谊关系等。在教育中，我们要引导学生理解到劳动不仅是一种经济行为，更是社会关系的基础，使他们在实际工作和社会生活中能够更好地理解和处理人际关系。

劳动之伟大反映在对个体自身的发展和实现作用。通过劳动，个体能够不断发展自己的潜能，实现自身的价值。劳动是个体成长的过程，通过不断提高劳动技能和积累经验，个体可以在职业生涯中实现更高层次的发展。在教育中，我们应当引导学生认识到劳动对个体发展的积极作用，使他们在未来职业发展中能够更好地把握机遇，实现自己的职业目标。

4. 劳动最美丽

劳动之美丽体现在创造一切成就和幸福的过程。通过对劳动的不懈付出和创造，人类社会才能实现从贫困到富裕、从匮乏到丰盛的历史性飞跃。劳动不仅仅是一种经济活动，更是一种创造性的行为，它推动着科技、文化、社会各个方面的进步。在教育中，我们应当引导学生认识到劳动的美丽在于创造未来的过程，使他们在未来职业生涯中充满激情和创造力。

劳动之美丽表现在改善生活条件和丰富物质生活。通过劳动，我们可以生产各种生活必需品和奢侈品，使人们的物质生活更加丰富多彩。劳动不仅仅是为了满足基本需求，更是为了创造更美好的生活。在教育中，我们要引导学生认识到劳动的美丽在于提高生活质量，使他们明白个体的奋斗不仅仅是为了自己，更是为了共同创造更美好的社会。

劳动之美丽体现在使人在精神上感到幸福和满足。通过对劳动的投入和努力，个体不仅能够在物质层面上得到满足，更能够在精神上获得愉悦感和成就感。劳动是实现个体自我价值的过程，是对社会作出贡献的途径。在教育中，我们要引导学生认识到劳动的美丽在于实现自我和获得幸福感，使他们在劳动中找到内在的动力和愉悦。

劳动之美丽反映在能够通过自身的劳动创造价值和收获幸福的过程。通过不断提高自身的劳动技能，个体可以在社会中发挥更大的作用，实现更高层次的人生价值。劳动不仅仅是为了生存，更是为了创造更有意义的人生。在教育中，我们应当引导学生认识到劳动的美丽在于通过自身的努力实现人生的价值，使他们在追求个人幸福的同时也能够为社会的繁荣和进步作出贡献。

（二）践行"辛勤劳动、诚实劳动、创造性劳动"的价值追求

理论只有在实践的滋养下才能够生生不息、绽放异彩。对高职学生开展劳动价值观教育，一方面要净化思想，帮助他们形成正确的劳动观念；另一方面更要引导他们将所学所想与自身实际结合起来，以知促行、知行合一，用辛勤、诚实和创造性的劳动谱写自己的人生篇章。

1. 辛勤劳动

辛勤劳动是社会进步的引擎。劳动不仅是对物质世界的改造，更是对个体自我的塑造。劳动的辛勤付出推动社会不断发展，是国家繁荣富强的支柱。高职学生应当通过学习基本劳动技能，参与实践活动，培养不畏艰辛、勇于奋斗的精神品质。劳动的光荣和价值应该成为学生成长的助推器，引导他们迈向真正的实干家。

辛勤劳动体现了中国梦的实践路径。在中国百年奋斗的历程中，劳动者的辛勤付出是实现国家梦想的基石。学生应当深刻理解劳动与国家富强、人民幸福之间的内在联系，将个人的劳动意义融入中国梦的伟大征程中。高职院校要通过课程设置和实践活动，引导学生从实际出发，深入参与社会建设，为中国梦贡献自己的一份力量。

辛勤劳动需要与技能提升相结合。高职学生在培养辛勤劳动精神的同时，应该注重提升实际工作所需的专业技能。劳动不仅仅是体力活动，更需要结合科技发展，运用先进技术和工具。通过实践性的专业培训，学生能够更好地适应未来职业发展的需求，使辛勤劳动更具生产力和创造力。

2. 诚实劳动

诚实劳动是劳动伦理的体现。在现代社会中，劳动者不仅需要具备专业技能，更需要遵守劳动伦理规范。高职学生要树立正确的职业道德观念，爱岗敬业、守法守规，维护劳动关系的和谐稳定。通过引导学生参与实际工作中的伦理决策和责任担当，使其在诚实守信的基础上更好地实现个人职业生涯的可持续发展。

诚实劳动是建设社会信任的关键。在一个复杂多变的社会中，信任是劳动

关系的纽带。高职教育应该注重培养学生的团队协作和沟通能力，强调在工作中保持真实、坦诚的态度。通过实践活动，让学生更深刻地理解诚实劳动与团队合作之间的紧密联系，为未来职业生涯的成功打下基础。

诚实劳动需要结合社会责任。劳动者不仅要对自己的工作负责，更要对社会、对环境负责。高职学生在实际工作中应当注重可持续发展理念，关注社会问题，通过劳动实践体现对社会的责任担当。学校可以通过社会实践项目和志愿者活动，培养学生的社会责任感，使诚实劳动更具深刻的社会意义。

3.创造性劳动

创造性劳动是适应新时代发展的必然选择。随着科技和社会的不断进步，传统的劳动方式和生产模式正在发生深刻的变革。高职学生应当培养创新意识，善于运用新技术和新方法，积极参与到创新型劳动中。学校要通过科技创新平台和实验室，为学生提供创新的环境和机会，引导他们运用所学知识解决实际问题。

创造性劳动要注重团队协作和跨学科融合。在新时代，解决复杂的问题往往需要多学科的综合应用和团队协同。高职院校应当鼓励学生参与不同专业的合作项目，培养跨学科的思维方式。通过开展跨专业的实践活动，学生能够更好地适应未来工作中的多元化和跨界性要求。

创造性劳动与可持续发展相辅相成。创新的劳动不仅仅要关注经济效益，更需要考虑社会、环境的可持续性。高职学生在创造性劳动中应当关注社会问题，关注可持续发展的理念，努力为社会创造更多的正能量。学校可以通过社会实践和企业合作项目，引导学生将创造性劳动与社会责任有机结合，为未来的社会发展贡献智慧和力量。

第三章　高职院校劳动教育现状分析

第一节　高职院校劳动教育的发展历程

一、劳动教育的起源与初步发展

（一）起源背景和初期发展阶段的特点

1.起源背景

中华人民共和国成立初期，社会经济面临着巨大的变革，从农业社会转型为社会主义社会，使劳动力培养成为国家发展的当务之急。这一历史时刻标志着中国步入了全新的社会体制，对劳动力进行系统培养成为国家发展战略的迫切需求。为了满足新社会的劳动力需求，全国各地纷纷建立了大量的职业学校。这些学校不仅为广大劳动者提供了更多的学习机会，也为高职院校劳动教育的初步发展奠定了基础。在这个时期，劳动教育被赋予了更为重要的社会使命。

2.初期发展阶段的特点

在初期的发展阶段，高职院校劳动教育明确了培养目标，将焦点放在了学生实践技能和职业素养的培养上。注重学生的动手能力培养，使其能够更好地适应未来职业发展的需求。劳动教育不仅仅局限于课堂，而是积极组织学生参与农村实践锻炼和工地实习等活动。这些实践活动不仅为学生提供了更广阔的学习空间，更是提升他们动手能力和创新意识的有效途径。在初期发展阶段，高职院校劳动教育开始倡导社会主义劳动观念，强调社会主义劳动是全民共同财富的观念。这种理念的传播有助于塑造学生正确的劳动观念，使他们在成长过程中逐渐形成积极向上的社会价值观。

（二）发展进程与稳定发展阶段的特点

1. 发展进程

高职院校劳动教育在其发展进程中经历了一系列关键阶段，其中的两个显著特点为建立劳动教育框架和实现工作学习合一。

高职院校逐渐建立了劳动教育的基本框架和课程设置，形成了一套完整的劳动教育体系。这一举措标志着高职院校对于劳动教育的系统性规划，旨在更好地满足学生全面素质培养的需求。通过明确的框架和课程设置，学校能够更有针对性地引导学生进行实际操作，提高其实践技能和职业素养。

工作学习合一成为高职院校劳动教育的显著特点。学校通过将工作与学习相结合，使劳动不再仅仅是一种体力活动，而成为学习的一部分。这一理念强调实际工作与学科知识的有机结合，使学生将劳动视为一种重要的学习方式，从而更好地培养实际操作能力和职业素养。这种工作学习合一的劳动教育方式不仅拓宽了学生的学习路径，更使他们在实践中更好地理解和应用所学知识，为未来职业的发展奠定了坚实基础。

2. 稳定发展阶段的特点

高职院校劳动教育在稳定发展阶段呈现出多个显著特点。

学校开始注重培养学生的职业实践能力和技能，以满足社会对各类专业技术人才的需求。这体现为高职院校劳动教育在这一阶段明确了职业技能培养的核心目标，致力于使学生在特定职业领域内具备实际操作能力，更好地适应未来职业的发展。

实践教学在高职院校劳动教育中占据重要地位。通过推进实践教学，学校为学生提供了丰富的实际工作经验，旨在提高他们的职业素养和实践能力。这一实践导向的教学理念有助于学生更好地理解和运用所学知识，为其未来职业的成功奠定基础。

高职院校劳动教育开始融入创新创业教育。学校鼓励学生在劳动过程中培养创造力和团队合作精神，使劳动教育不仅注重技能培养，更关注学生的综合素质。这种引入创新创业教育的做法有助于学生更好地发挥创造潜力，培养适应未来职业挑战的能力。

高职院校劳动教育与市场需求相结合，注重学生的职业发展和就业创业能力的培养。这意味着学校在教学过程中更加关注培养学生具备市场竞争力的技能和素质，以更好地满足社会对各类专业技术人才的需求。

总体而言，高职院校劳动教育在稳定发展阶段通过注重职业技能培养、推进实践教学、引入创新创业教育以及与市场需求相结合等特点，全面发展学生的综合素质，为他们更好地适应社会经济的发展需求与个人成长需求提供了有力支持。

二、劳动教育的创新与提升

（一）创新教育理念和模式

1. 创新教育理念在高职院校中的应用

（1）教育理念的演进

高职院校在劳动教育方面的变革，首先表现在教育理念的演进上。传统上，高职院校注重学生的技能和实践能力培养，然而，随着社会对综合素质的需求不断提升，学校逐渐转变教育理念，将创新创业教育理念引入劳动教育中。这一创新教育理念强调学生不仅要具备技术层面的专业知识，还要在劳动过程中培养创造力和团队合作精神。

（2）创新教育理念的内涵

创新教育理念的内涵包括对学生综合素质的全方位培养。不再仅仅追求狭隘的技能培养，而是通过劳动教育，激发学生的创造性思维，培养解决问题的能力，并强调团队协作的重要性。这使得学生的发展不再局限于技术层面，而是在更广泛的综合素质提升中得以体现。

3. 创新教育理念的实践策略

为了贯彻创新教育理念，高职院校采用了一系列实践策略。例如，设计课程结构时将创新元素融入其中，提供创业实践的机会，鼓励学生在劳动中发现问题并提出解决方案。这些策略旨在培养学生全面发展的能力，使其更好地适应未来复杂多变的社会环境。

（二）产教融合模式在高职院校中的实施

1. 与企业合作的紧密关系

高职院校为了更好地实现劳动教育的目标，积极与企业合作，构建起产教融合的模式。通过与企业建立紧密的关系，学校能够深入了解实际工作需求，将课程内容与市场需求相结合，使劳动教育更加贴近实际。

2.学生参与实际工作项目的机会

产教融合模式的核心在于为学生提供参与实际工作项目的机会。学校与企业共同设计项目，学生在项目中能够运用所学知识，与专业技术人员进行密切的沟通与合作。这不仅提高了学生的实践能力，还培养了更深层次的职业素养，使其具备更强的适应能力。

3.模式的优势与未来发展

产教融合模式的优势在于能够将理论知识与实际工作相结合，使学生在校园和职场之间建立更为紧密的联系。这种模式有望为高职院校培养更符合市场需求的应用型人才，提高毕业生的就业竞争力。然而，要实现产教融合的最佳效果，学校需要不断完善合作机制，加强企业与学校之间的沟通，以适应未来职业领域的快速变化。

通过创新教育理念和产教融合模式的结合，高职院校劳动教育正在实现从传统技能培养向综合素质提升的转变，为学生更全面、更深层次的发展奠定了坚实基础。这不仅有助于培养具备创新思维和实践能力的专业人才，也为高职教育体系的不断完善和创新提供了有益的经验。

（二）提升劳动教育的实效性

1.实践导向的劳动教育模式

（1）突破模拟环境的限制

高职院校在劳动教育中的首要举措是突破传统的校内模拟环境，着眼于培养学生在真实职场中所需的实际工作能力。学校通过组织学生参与岗位实训、社会实践等活动，将劳动教育场景拓展至真实的职业领域。这不仅提供了学生面对真实职业挑战的机会，也使他们更好地适应社会就业的需求。

（2）实际参与职业活动的优势

实践导向的劳动教育模式强调实际操作，使学生能够在真实场景中应用所学知识。通过参与各种职业活动，学生不仅能够提高职业技能水平，还能培养解决问题的实际能力、团队协作精神以及在复杂环境下工作的适应力。这种实际参与的优势为学生未来的职业生涯打下坚实基础。

2.评价体系的综合建设

（1）从职业技能到综合素质

高职院校在提升劳动教育实效性方面的第二大措施是加强评价体系的建设。不再仅仅将焦点放在学生的职业技能上，而是转向从综合素质的角度全面评估学生的表现。这种评价的转变体现了对学生更全面发展的关注，强调劳动教育的目标不仅仅是培养一定的职业技能，更要关注其在劳动中的学习和成长。

（2）综合评价的意义

劳动教育的综合评价体系意味着学校从多个角度对学生进行评估，包括但不限于技术水平、创造力、沟通能力、团队协作等多个方面。通过更全面、综合的评价方式，学校能够更准确地了解学生在劳动教育中的表现，并为其提供更有针对性的指导和支持，促使学生在各方面都取得更好的发展。

（3）评价体系的建设挑战与前景

然而，建设综合评价体系也面临一系列挑战，如评价标准的制定、评价方法的选择等。学校需要不断探索和改进，以确保评价体系能够真正反映学生在劳动教育中的全面发展。在克服这些挑战的过程中，高职院校将迎来劳动教育实效性提升的新阶段，为培养更具综合素质的专业人才奠定更为坚实的基础。

通过实践导向的劳动教育模式和综合评价体系的建设，高职院校正积极应对社会对高素质专业人才的需求，为学生提供更加全面、实效的劳动教育，为其未来职业生涯的成功奠定坚实基础。这也为其他高校提供了可借鉴的经验，推动整个高等教育体系更好地适应社会发展的需求。

三、中华优秀传统文化中的劳动教育资源

正确对待中国传统文化是当代中国文化建设的关键问题。在进行大学生劳动价值观教育研究时，我们应当自觉遵循"古为今用"的原则，这也是一个基本的研究原则。中国传统文化蕴含丰富的劳动教育资源，对于新时代大学生劳动价值观教育的开展具有重要意义。

（一）中华优秀传统文化中的劳动观

"勤劳"一直以来都是中华传统美德，在中华民族文化中占有极其重要的

地位。数千年来，代代劳动人民都延续着辛勤劳作的习惯。中华优秀传统文化中蕴含着丰富的劳动资源，我们应积极主动地对其进行学习和借鉴，这对于新时代大学生树立正确的劳动价值观具有积极意义。

1. 热爱劳动的传统美德

（1）中国古代文献中对"勤"思想的阐发

第一，"以勤为美"传统观念的渊源。"以勤为美"并非当代观念，而是中国传统文化中的价值标准之一。其根源可以追溯到古代文献中，例如在《左传·宣公十二年》中，"民生在勤，勤则不匮"早已表达了劳动对于解决生活温饱和创造财富的重要性。这一观念反映了古代劳动人民通过勤奋劳作实现个体富裕和国家繁荣的信念。

第二，孟子有"不劳不能食"的思想。孟子在《孟子·滕文公下》中强调"士无事而食，不可也。"这一思想阐释了"不劳不能食"的理念，强调了个体应该通过努力工作来获得生计。这与"坐享其成"相对立，体现了古代智者对勤劳的推崇。

第三，墨子对"不劳而获"的批判。墨子对"坐享其成"的不道德行为进行了批判，认为这不仅违背伦理道德，还应该受到大众的谴责。他的观点表达了对懒惰和不劳而获的反感，强调了通过辛勤劳动来获取成果的正当性。

（2）劳动美德在中国历史长河中的体现

第一，劳动与富国强民的关系。中国劳动人民通过自身奋斗和艰苦实践，为实现"百姓富，国家盛，民族旺"的理想不断努力。劳动不仅是个体富足的手段，更是国家繁荣的基石。通过描绘一幅中华民族兴盛不衰的历史画卷，劳动美德成为中国千年辉煌的英雄本色。

第二，勤奋治学与传统文化的融合。"勤"的思想不仅仅表现在劳动上，同时体现在勤学、立志等方面。中国传统文化中，"勤奋治学"一直是强调的重点。《论语·雍也》中"君子博学于文，约之以礼"强调了勤奋学习对于塑造高尚品质的重要性。这一思想激励着一代又一代人奋发图强，成为优秀人才。

第三，以勤为荣、以惰为耻的价值取向。古人普遍认同"以勤为荣，以惰为耻"的价值取向。这种观念强调懒惰和奢侈会导致贫困，只有勤劳和节俭才能创造物质财富。这成为古代社会的主流价值观，对于塑造个体品格和推动社会繁荣产生了积极作用。

（3）劳动美德对新时代大学生劳动价值观的借鉴

首先，中国传统文化中的劳动美德对于新时代大学生树立正确的劳动价值观提供了有益的启示。通过学习古代文献，可以了解到古人通过勤劳劳动实现个体幸福和国家繁荣的信念，这有助于激发当代大学生对劳动的热爱和对事业的奋斗精神。其次，孟子、墨子等古代智者的思想强调了勤奋劳动的价值，对于当代大学生在面对挑战和压力时保持积极向上的态度具有借鉴意义。同时，传统文化中的"勤奋治学"思想也能够激发大学生努力学习，提高个人素养。通过弘扬"以勤为荣"的精神，可以引导大学生树立正确的价值观。这不仅包括对物质财富的追求，更关乎对于个体品格的培养，推动大学生在工作和生活中更好地发展。

总的来说，中国传统文化中关于劳动美德的观念对于新时代大学生的劳动价值观具有深远的启示。通过深入挖掘古代文献和智者的思想，可以为当代大学生树立正确的劳动观念提供丰富的文化资源。

2. 自强不息的精神追求

当代中国的劳动人民身上体现出不畏艰辛、勇于创新的崇高精神，源于中国传统文化中关于自强不息的思想理念。自强不息作为中国传统道德价值判断中的基本道德标准，在远古时期的神话传说中都能找到相应的映射。

（1）中国传统文化中的自强不息思想

首先，起源于古代经典的"自强不息"。"自强不息"最早见于《周易·乾·象传》中的"天行健，君子以自强不息"。这一思想表达了对于个体积极向上、不畏困难的追求。孔子进一步将其视为成为君子的必要条件之一，并对其进行深入的阐述。这表明"自强不息"在古代经典中是一种基本的道德标准。

其次，孔子与"自强不息"的深入阐述。孔子将"自强不息"与君子的修身、平天下相联系，强调通过个体的不断努力来实现道德境界的提升，并最终达到治理天下的境地。这将"自强不息"提升到道德修养和社会责任的高度，为后来的文化传承奠定了基础。

最后，明清时期对"自强不息"的重视。明朝的邹守益、薛瑄、吕坤等学者认为"自强不息"是一种高尚品格，对于贤人来说是十分难能可贵的。他们进一步阐述了"自强不息"作为一种正能量，对个体的生活产生深远影响。随着国家危机的加剧，这一思想逐渐从个人层面上升至民族国家层面，成为时代的强音。

（2）自强不息的具体内涵与特色

首先，发愤图强的精神。"自强不息"蕴含了发愤图强的精神，即个体应该主动地不断壮大自身。这意味着在面对困难和挑战时，要保持积极向上的态度，通过努力工作和奋斗来实现个体的自我提升。

其次，艰苦奋斗的精神。中国传统文化中的"自强不息"强调了艰苦奋斗的品质。个体在追求理想和信念的过程中，可能会遭遇各种困境和难题。通过"自强不息"的精神，个体能够坚持不懈地努力，克服困难，迎接挑战。

最后，知难而上、坚韧不拔的精神。"自强不息"还包含了知难而上、坚韧不拔的品质。在面对困难和逆境时，个体要有勇气面对，勇往直前。坚持不懈、百折不挠的态度是实现自身价值的关键。

（3）自强不息对当代社会的启示

首先，昂扬向上的精神。自强不息的精神对当代社会具有昂扬向上的启示。在快速变化的社会环境中，个体需要保持积极的心态，不畏困难，迎难而上，以应对复杂多变的挑战。

其次，革故鼎新的决心。追求自强不息的精神，意味着个体要有革故鼎新的决心。在不断发展的社会中，个体需要保持对新知识、新技术的学习和适应能力，以保持竞争力。

最后，源远流长的文化传承。"自强不息"作为中国传统文化的一部分，具有源远流长的历史。在当代社会，传承这一精神可以加强个体对文化根脉的认同感，形成强大的文化自信。

总的来说，"自强不息"的精神追求是中国传统文化中的一项宝贵遗产，对当代社会仍然具有深远的启示和指导意义。通过理解其起源、内涵和特色，我们能够更好地应对当下社会的各种挑战，实现个体和社会的共同发展。

3.锲而不舍的精神品质

（1）古代经典中的锲而不舍思想

首先，老子《道德经》中的"合抱之木"。在《道德经》中，老子通过"合抱之木，生于毫末"的比喻，强调了事物发展的渐进性。他告诫人们，任何事业的成功都需要具备坚持不懈的意志力和从小事做起的实际行动。这反映了锲而不舍的精神品质在个体成就和事业发展中的关键作用。

其次，荀子的持之以恒学习观。荀子在《劝学》中表达了"君子曰：学不可以已"的观点，强调学习的无止境性。他认为只有持之以恒地学习，不轻言满足，才能不断充实自己，成为品行高尚的人。这与锲而不舍的精神密切相关。

最后，荀子的"锲而不舍，金石可镂"。荀子借用"锲而不舍，金石可镂"的比喻，强调了持之以恒的努力和毅力的重要性。他通过这一表达告诫人们，只有锲而不舍、矢志不渝地努力，才能够在学业和事业上取得显著的成就。

（2）荀子对锲而不舍精神的深入阐述

首先，学无止境的观点。荀子强调"学不可以已"，表达了学无止境的观点。他认为持续不断的学习是个体不断进步、提升品德的基础。这与锲而不舍的精神一脉相承，强调对于个体成长发展的持之以恒的追求。

其次，锲而不舍的毅力。荀子所倡导的"锲而不舍，金石可镂"表达了对于毅力的崇尚。他通过金石可镂的比喻，形象地说明了只有具备锲而不舍的毅力，个体才能在面对困难和挑战时，像雕刻师雕刻金石一样取得成功。

最后，自强不息与锲而不舍的联系。荀子在多个方面都表达了自强不息的思想，而自强不息与锲而不舍紧密相连。在他的理念中，持之以恒的学习、锲而不舍的努力都是实现自身完善和追求道德境界的必由之路。

（3）古代思想对当代的启示

首先，面对挑战的坚持。老子、荀子的思想强调了在面对困难和挑战时要有锲而不舍的精神。在当代社会，面对复杂多变的环境，个体需要具备坚持不懈的品质，通过持之以恒的努力应对各种挑战。

其次，持续学习的追求。荀子对学无止境的观点提醒当代个体，在知识爆炸的时代，持续学习是保持竞争力和个体成长的关键。锲而不舍的学习态度对于适应社会发展至关重要。

最后，自强不息的生活态度。古代思想中的自强不息与锲而不舍的精神品质对当代个体的生活态度产生积极启示。通过锲而不舍的努力，个体能够更好地应对生活中的各种变化，实现自身价值和事业发展。

（二）中华优秀传统文化中的劳动教育思想

1.劳动教育的意义

（1）对人的发展有积极的作用

劳动对于强健体魄发挥着积极的作用。颜元在明末清初的著作《颜习斋言行录》中明确指出："养身善莫于习动。"这一论断强调了通过劳动来促进身体健康的观点。夙兴夜寐、振作精神、寻事去做，这种积极的劳动态度有助于人体的循环系统、呼吸系统、肌肉系统等多个方面的锻炼，进而促使身体逐渐变得强壮。劳动的规律性和节奏感，使人在工作中得到全身性的锻炼，有助于提高心肺功能，增加身体的耐力和适应能力。因此，劳动作为一种锻炼方式，对于强健体魄有着显著的积极作用。

劳动提高人们的接受能力和反应能力。在日常的工作中，人们需要不断面对各种各样的问题和挑战。通过劳动，特别是一些需要动脑筋的劳动，可以促使大脑保持活跃，提高思维的灵活性和敏捷度。颜元所言"日益精壮"不仅仅是身体的强健，更包括心智的锤炼。劳动不仅是简单的体力活动，更是一种融合了思考、判断、决策等多方面能力的综合性活动。通过面对实际问题，人们能够培养出对事物的洞察力，提高对复杂情境的适应能力。这种接受能力和反应能力的提高，将在日常生活和职业发展中发挥积极的作用。

劳动的"练才"作用增强人们处理问题的能力。在劳动的过程中，人们不断面对各种各样的任务和情境，需要运用各种技能和知识去解决。这种过程就像是一场实际的"练习赛"，通过实际动手的过程，人们不仅将理论知识转化为实际操作的能力，同时也在不断地实践中积累经验，形成解决问题的有效方法。颜元在提到"静息将养"时强调了"便日就惰弱"，意味着过于安逸和缺乏劳动会导致身体和心智的懒惰和衰退。因此，通过不断地劳动，人们能够锻炼出更为灵活、果断和富有创造性的问题处理能力，为个人和事业的发展提供有力支持。

（2）劳动有益于道德的涵养作用

劳动有益于道德的涵养，通过实际劳动，人们能够建立起良好的品德和思想观念。颜元在《颜习斋言行录》中明确指出："人必须通过事必躬亲的劳动才能建立起其道德和思想。"这一观点表达了劳动对于培养人们内在品质的积极作用。通过亲身参与劳动，人们能够更深刻地理解各种社会关系，培养责任心和公德心，从而树立正确的道德观念。劳动不仅是一种外在的行为，更是一种内在的修炼，能够净化人们的内心，帮助人们摆脱懒惰、贪婪等邪念，达到修身养性的效果。

劳动能够净化内心，帮助人们祛除邪念，提升个体的道德修养。颜元在《颜习斋言行录》中明言："吾用力农事，不遑食寝，邪妄之念，亦自不起。"这句话强调了通过积极的农事劳动，人们能够远离过度的享乐，不沉湎于食色之中，进而减少邪念的滋生。劳动的过程中，人们需要投入全身心的精力，集中注意力于实际操作，这有助于清除心中的杂念，提升对真善美的敏感度。通过劳动，人们能够在实践中感悟道德原则，形成正确的人生观和价值观，使个体的道德水平得到提升。

劳动能够帮助人们建立勤奋的品质，从而提升个体的道德修养。颜元强调："人不作劳动事则暇，暇则逸，逸则惰则疲。"他认为，人们在不断劳动中，不仅能够避免空闲时的逆性行为，而且还能够避免因懒惰而导致的疲惫感。劳动能够调动人的积极性，使其保持旺盛的精力和勤奋的工作态度。在具体的工作实践中，人们需要克服各种困难，努力克制怠惰情绪，培养出坚韧不拔的品质。这种坚持劳动的品质既有助于提升工作效率，也有助于培养人们的道德操守，使其在面对困境时能够坚守原则，不轻言放弃。

（3）劳动教育具有经世致用的价值

劳动教育具有经世致用的价值，反映了明末清初众多思想家和教育家的共识。在这一时期，王夫之、龚自珍、黄宗羲、魏源、顾炎武、颜元等思想家纷纷强调教育与实践的结合，认为教育的目的在于培养实用的人才，使其能够在社会生活中充分发挥作用。颜元在《颜习斋言行录》中明确指出，掌握具体劳动技能是更好地生存和发展的必要前提，而那些只空谈不务实学的人被他称为

"将就冒人标榜"的伪圣人。这种观点体现了劳动教育与实际需求相结合的价值取向。

劳动教育能够培养真才实学，强调实际技能和知识的结合。在明末清初的时代背景下，众多思想家对虚浮的文人主义提出批判。颜元强调真才实学的重要性，认为古之谋道者需要具备礼乐射御书数等实用知识，而后儒若不具备实际技能，只谈论道德，就如同僧道不易生理一般。这反映了劳动教育能够帮助人们培养实用技能，使其更好地适应社会需求的价值。

劳动教育对于国家和社会的服务起到积极作用。思想家们认为，只有具备实际技能的人才能真正为国家、社会服务。颜元指出，那些只会空谈而鄙视实学的人是无法为社会做出实际贡献的。这一观点凸显了劳动教育的价值，即通过培养实际技能，为社会提供需要的人才，实现个体与社会的良性互动。

2.劳动教育的内容及方法

（1）劳动思想、观点的教育

颜元在教导学生时强调不惧艰辛，将农作劳动视为一种责任和己任。他认为无论是天子还是庶人，都应在天亮之前开始劳动，强调了劳动对于个体的重要性。这反映了颜元对劳动思想的强调，将劳动视为一种光荣和必要的活动，是生活的一部分，而非可有可无的附属品。通过这种教育方式，颜元试图激发学生对劳动的热爱和尊重。

颜元以大禹为榜样，教导学生在艰辛劳动中应当保持快乐的心态。他强调了劳动不仅仅是为了谋生，更是一种锻炼自己心灵和品质的方式。通过大禹的例子，颜元传达了在劳动中追求安贫乐道的精神境界，将劳动与精神追求相结合，为学生树立了积极向上的劳动观。

颜元在教育中强调尊重劳动者，珍惜劳动成果。他告诫学生，作为子弟应该以劳动的甘旨奉养父母，不可安逸于读书而侮辱劳动。这体现了他对劳动者的尊重，认为劳动者创造的不仅是物质财富，还有纯净的心灵和勤劳的品质。通过这种教育方式，颜元试图培养学生对劳动者的尊敬之情，使他们能够珍惜劳动的过程和成果。

颜元在教育中强调劳动者具有丰富的精神财富。他认为劳动者不仅仅是创造物质财富的人，更是拥有纯净心灵和勤劳品质的人。通过强调这一点，颜元试图引导学生从更全面的角度看待劳动者，不仅要看到他们的实际贡献，更要理解和尊重他们在精神层面上的价值。这为学生树立了更为全面和深刻的劳动观，使其能够更好地理解和参与劳动。

（2）铸就吃苦耐劳的优良品质

古代思想家普遍主张人应该养成吃苦耐劳的优良品质。在《荀子》中，荀子提出"劳苦之事则争先，饶乐之事则能让"的观点，强调真正的君子应该主动去从事辛劳的事务，而将其他娱乐之事交给他人。这表明了吃苦耐劳在古代文化中的重要地位，认为通过勤劳工作可以实现个人的价值，并对社会贡献有所作为。这一观点影响深远，为后来的劳动观念和品德养成奠定了基础。

吃苦耐劳的品质不仅在劳动方面受到强调，而且在学习和立业方面同样得到推崇。古代智者认为时间是一笔宝贵的财富，有志之士应该善用时间，充实自己，追求建功立业的目标。荀子在《劝学》中写道"君子曰：学不可以已"，强调学无止境，不可停滞不前。这反映了古代智者对吃苦耐劳品质在学业上的强调，认为只有不懈努力，才能够取得更大的成就。这种观点对后来的学习态度和职业发展产生了深远的影响。

古代智者对于吃苦耐劳的品质的强调体现了一种责任和担当的精神。在《荀子》中，荀子强调君子应该主动去从事劳苦的事务，争先恐后，展现了一种为社会、为他人付出的责任心。这种责任心不仅表现在个体的劳动和学业上，更体现在对社会、国家的贡献中。吃苦耐劳的品质被视为一种为他人谋福利、为社会作出贡献的表现，成为古代文化中弘扬的道德观念。

古代思想家通过对吃苦耐劳品质的强调，试图在个体和社会层面建立一种积极向上的价值观。吃苦耐劳被看作是实现个人价值和社会进步的有效途径，是一种助力人们克服困难、追求进步的力量。这种价值观对于培养社会成员的责任感、奉献精神以及为社会发展作出贡献的观念起到了积极的引导作用。通过对吃苦耐劳品质的强调，古代文化注重培养社会的建设者和担当者，为社会的和谐发展奠定了坚实的文化基础。

（3）耕读结合的教育方法

耕读文化作为一种本土特色的乡村文化，源自中国千百年来的农耕社会，形成于特定的历史时期和社会阶段。其中，"耕"代表农业生产劳动，是劳动人民通过耕耘努力，生产粮食来维持生计的方式。这反映了在古代农耕社会中，劳动被视为立命之道的重要途径。"读"则指的是阅读和学习，是通过获取知识来提升修养和扩展视野的方式。在古代，耕读被视为相辅相成的生活方式，通过耕作与读书相结合，人们既能养家糊口，又能提升自己的精神层面，形成了一种丰富而高尚的文化模式。

耕读文化的核心理念是"耕读传家"，强调了耕与读相结合的生活方式。这一理念表明了学习做人和安身立命要相互结合，强调了理论知识和实际劳动的统一。在古代社会，白天进行农业劳动，晚上则通过阅读书籍来提升自己的学识，体现了理论和实践相辅相成的教育理念。颜元的"昼勤农圃，夜观书史"的教育方式，以及他所提出的"心体俱用"观念，都强调了真君子应当既能从事农桑劳动，又不忘进修道德和学识，培养出理论和实践相统一、具备远大志向和劳动能力的人才。

耕读文化所弘扬的劳动教育模式与当今时代理论和实践相结合的劳动教育模式相契合。这种模式不仅培养了农民的实际劳动能力，还通过晚上的读书活动，提升了农民的文化修养和社会责任感。这表明耕读文化不仅仅是一种学习方法和教育模式，更是一种富有高尚情怀、怀文化修养的价值追求。耕读文化所蕴含的这种精神追求对当今社会的劳动教育和人才培养有着积极的影响，引导着人们在实际劳动中不仅注重技能，还注重道德和文化修养。

耕读文化在当今时代仍然具有重要的教育作用。其强调的劳动与学习相结合的方式，以及对理论和实践的统一追求，为培养全面发展的人才提供了有益的启示。在现代社会，劳动教育已经被广泛认可为人才培养的重要组成部分，而耕读文化所弘扬的理念有助于引导教育体制更好地结合理论学习和实践劳动，培养更具综合素养的人才。

（三）中华优秀传统文化中的劳动教育思想述评

1. 积极的进步意义

中华优秀传统文化中的劳动教育思想的形成是在历史演进和文化碰撞的过程中逐渐建立起来的。这一思想体系不仅在理论上深刻反映了古代社会的特点，也为后来的教育体系提供了重要的参考和基石。相对于封建社会之前的教育思想，传统的劳动教育思想对劳动的地位和作用进行了正面的评价，标志着对于劳动的认知逐渐从贬低转向了肯定，为后来社会价值观的调整和发展打下了坚实的基础。

传统劳动教育思想的重要性体现在对教育诟病的纠正、社会风气的端正上。在古代社会，传统劳动教育思想通过对农耕、手工业等实用技能的强调，有力地回应了那些主张空谈而轻视实践的言论。这对于当时社会中存在的文人以书生气十足、轻视劳动阶层的现象进行了批判，使劳动者的社会地位得到了有力的维护。这一纠正不仅在实际层面上推动了社会结构的调整，也为后来尊重实践、重视劳动的文化氛围埋下了种子。

传统劳动教育思想揭示了劳动教育在教育救国中的特有价值以及创造性贡献。这一思想强调了劳动的实用性，将劳动视为人类社会不可或缺的基石。在这个理念的引导下，劳动不再被简单地视为一种生存手段，更被赋予了塑造国家命运、培养人才的重要使命。这种思想的传播推动了社会对于农业、手工业等实用技能的更为重视，使得劳动者的社会地位逐渐提升，为社会的进步奠定了基础。

中华优秀传统文化中的劳动教育思想反映了古代智者对时代变革的积极回应和对未来发展的深刻洞察。这一思想的产生不仅体现了对于传统文化的扬弃，更反映了智者们对社会、教育的进步有着积极的追求。他们在积极迎接变革的同时，也表达了对贫苦劳动者的同情，以及对大官僚地主阶级的不满。这种情感的表达激发了对社会公平和正义的思考，为后来社会的不断完善提供了借鉴。

2.历史局限性

中华优秀传统文化中的劳动教育思想在其提倡的劳动地位提升中存在历史的社会制度局限性。尽管这一思想试图赋予劳动更高的社会地位，但其出发点仍受到封建社会制度的影响，呈现出一定的功利主义倾向。传统文化中的劳动教育，虽然试图将劳动看作是立命之道的根本，但其基础仍根植于狭隘的小生产劳动的理念。在封建制度下，社会地位的提升仍然受到出身和官职的限制，劳动者仍然被限制在一种狭隘的社会地位之中。

传统劳动教育思想在强调对劳动者和劳动成果的尊重时，未能真正改变对劳动阶级的轻视。尽管强调要珍惜劳动成果、尊重劳动者，但这种尊重仍然带有一定的功利性质，更多地体现为对劳动成果的重视而非对劳动者的平等尊重。由于封建社会的社会等级观念根深蒂固，对于劳动者的尊重在实质上并未脱离阶级壁垒，未能真正实现对劳动阶级的平等认同。因此，传统文化中的劳动教育思想在这一点上受到了历史社会制度的限制。

传统劳动教育思想在对于劳动教育的理解上表现出狭隘的经验主义和对理论思维的轻视。在他们的理念中，劳动教育主要局限于实用技能的学习，更强调对小生产劳动技能的掌握。这种局限性导致他们对于劳动教育的认知停留在技能层面，未能更深入地涉及技术学习与思想创新的层面。这表现出一种对于实践型教育的过度偏重，未能给予理论思维足够的关注。这一局限性也反映了传统文化中对于知识的狭隘定义，未能将劳动教育提升到更高的理论水平。

中华优秀传统文化中的劳动教育思想在其历史背景下受到了社会结构和观念的历史局限性。由于传统文化的渊源和社会结构的制约，劳动教育思想难以摆脱封建社会的桎梏，其理念虽有提升，却难以摆脱功利主义的狭隘观念。这一历史局限性在劳动教育思想的深化和拓展上产生了一定的制约，使其未能在当时社会条件下更为全面地推动劳动者地位的提升和社会观念的变革。

第二节　劳动教育存在的问题和挑战

一、新时代高职院校劳动教育取得的成效

在教育部提出对高职院校实施劳动教育后，各高职院校根据自身办学特色，对本校劳动教育进行了调整和优化，取得了一定的育人效果，达到了一定的劳动育人的目的。

（一）高职院校劳动教育的综合育人价值得到重视

在"德智体美劳"的教育体系中，道德教育被视为核心和灵魂，而在其他各个方面的教育中也同样重要的智育则培养心智，是其他各育开展的前提和基础，而体育则扮演着至关重要的导向角色旨在增强身体素质，为其他方面的培养提供身体素质和生理基础，强调美育的重要性是培养审美素养，为其他各类

教育活动的展开提供了精神上的推动力，而劳育则体现了树德、增智、强体、育美的综合育人价值。

1.劳动教育在"德智体美劳"教育体系中的核心地位

（1）道德教育的核心和灵魂

在"德智体美劳"教育体系中，道德教育被赋予核心和灵魂的地位。劳动教育通过培养学生正确的劳动价值观和积极的品格，实现了在"德育"方面的重要使命。学生通过劳动过程中的实际体验，逐渐形成尊重劳动、团结合作、责任担当的良好品质，为其整体德育打下了坚实基础。

（2）智育的前提和基础

智育作为其他各育开展的前提和基础，劳动教育通过提供科学的知识和技术技能培训，帮助学生掌握实用的职业知识，为将来从事工作提供了良好基础。劳动教育内容的涵盖广泛，包括劳动安全知识、劳动法规等，使学生在劳动中不仅提高了实际操作能力，同时也增强了对职业知识的理解和掌握。

（3）体育的导向角色

体育在"德智体美劳"教育体系中扮演着至关重要的导向角色。劳动教育通过实践中的强身健体，磨炼学生的意志，为其他方面的培养提供身体素质和生理基础。这种身体素质的提升既为学生的全面发展奠定了基础，同时也增强了学生在其他学科学习中的专注力和学习效果。

2.劳动教育的综合育人价值

（1）劳树德方面的价值

在"以劳树德"方面，劳动教育通过促进学生正确的劳动价值观，培养积极的品格。学生在实践中学会尊重他人的劳动，形成勤奋、踏实、负责的品质，为其未来职业生涯和社会交往打下坚实基础。

（2）劳增智方面的价值

在"以劳增智"方面，劳动教育通过培养学生科学的知识和技术技能，为将来从事工作打下良好基础。学生通过劳动教育不仅提高了实际操作能力，还在劳动过程中获得了解决问题的能力，为其未来职业发展提供了坚实支持。

（3）劳强体和劳育美方面的价值

在"以劳强体"方面，劳动教育通过实践中的强身健体，磨炼了学生的意志，提高了体能体格。而在"以劳育美"方面，劳动教育引导学生在生活、学习、工作中发现美、感受美、创造美，树立了劳动四个"最"的理念。这体现了劳动教育在促进其他"四育"发展时所具有的重要作用。

（二）高职院校办学模式具备劳动教育的相关优势

《职业学校校企合作促进办法》的发布标志着中国职业教育发展进入了新阶段。这一政策文件由教育部等六部门联合发布，旨在推动产业和教育的深度融合，倡导校企合作、工学结合，实现知识与实践的有机结合。该办法提出的知行合一的共同育人机制，明确了职业学校在培养学生时应实现理论知识与实践技能的一体化。这一机制的推动为高职院校在办学模式中注入了更为系统和全面的劳动教育元素，促使学生在学业过程中更好地融入实际工作需求。

1.高职院校办学模式中的劳动教育优势

（1）培养目标中蕴含劳动教育

高职院校将劳动教育纳入培养目标，将其作为办学理念和发展目标的一部分。这意味着学校在制定培养目标时积极融入了劳动教育的元素，强调学生在校园学习中需要培养的劳动素养。学生普遍认为，高职院校将劳动教育渗透到日常教学和管理中。这包括将劳动教育纳入课程设置、强调实践操作，以及通过实际项目锻炼学生的动手能力。这种全方位的渗透使劳动教育不再是单纯的理论教育，而是与实际工作需求紧密结合的一部分。

（2）实践基地建设的先天优势

高职院校的专业教学实训基地为开展劳动教育提供了良好的平台。这些基地不仅提供了实际操作的场地，还通过与企业合作，将学生置身于真实的职业环境中，使劳动教育更具实际意义。学生普遍认为职业学校在劳动教育实践基地建设上具备先天优势。这包括完备的实训设施、与行业企业的深度合作，以及丰富的实践机会，为学生提供了更为广泛和深入的劳动教育体验。

2.高职院校在劳动教育方面的教师队伍和实践成果

（1）"双师型"教师的优势

学生普遍认为高职院校的专业教师大多为"双师型"教师，具有执行劳动教育的有关教学基本素质。这种教师队伍的特点使得劳动教育更具针对性和专业性，有助于学生在实际操作中更好地理解和掌握职业知识。

（2）长期积累的劳动教育实践成果

在职业教育中，劳动教育有着长期的实践积累。高职院校通过专业实习实训的经验积累，形成了一套相对成熟的劳动教育体系，包括行业合作、实际项目参与等方面，为学生提供了更为全面的劳动教育。改革开放以来，职业教育在劳动教育方面积累了大量的实践经验。高职院校通过与企业的深度合作、项目实战等手段，成功培养出一大批具备实际操作能力的毕业生，为职业教育的创新和提升积累了宝贵经验。

（三）学校的劳动教育与实习实训紧密度强

实习实训就是通过劳动实践来巩固所学的知识技能，培育和锻造劳动精神的一个重要步骤。高职院校将劳动教育贯穿于人才培养的全过程，把实习实训课作为实施劳动教育的主要载体，从"以劳树德""以劳增智""以劳强体""以劳育美"发端，将劳动价值观教育渗透于实习实训中。

1.实践性教学与实习实训的突出地位

（1）实践性教学在总学时中的占比

职业院校将实践性教学置于高度重视的位置，实践性教学学时占总学时的50%以上，凸显了对学生实际操作能力的重视。这体现了学校对于培养学生全面素质的承诺，注重学生通过实践来巩固理论知识，培养实际应用技能。

（2）实习实训的重要性

实习实训被认为是通过劳动实践巩固所学知识技能、培养和锻炼劳动精神的重要步骤。在高职院校，实习实训课程被视为实施劳动教育的主要载体，为学生提供了融合理论知识和实践技能的平台。

2.劳动教育在实习实训中的融入与贯穿

（1）从"以劳树德"出发

实习实训中通过"以劳树德"的理念，学校将劳动价值观教育渗透于整个实践过程中。学生在实际工作中不仅仅是完成任务，更是通过劳动培养正确的职业道德观念，树立起对劳动的尊重和热爱。

（2）"以劳增智"与实践操作的结合

实践操作作为"以劳增智"的重要组成部分，通过实习实训课程，学生能够在实际工作场景中掌握科学的知识和技术技能。这为将来从事相关工作提供了良好的基础，使学生更好地理论与实践相结合。

（3）"以劳强体"与磨炼劳动能力

劳动教育通过"以劳强体"理念，注重在实习实训中磨炼学生的身体素质。实际操作过程中需要的体力和耐力锻炼，使学生不仅在专业技能上有所提高，同时也增强了身体素质，为将来从事具体职业打下了健康基础。

（4）"以劳育美"与企业文化的传达

实习实训过程中，学校通过"以劳育美"的理念，注重传达企业文化。学生在实际工作中接触并感受企业文化，培养审美素养，使其在职业领域中更具艺术感知和创造力。

3.学校与企业合作的实训基地建设

（1）联合建设产教融合型实训基地

学校与企业联合建设的实训基地是产教融合的具体体现。这些实训基地旨在把企业现实职场情境与生产业态搬进校园，为学生提供真实的工作环境。这样的实训基地不仅为学生提供了更贴近实际工作需求的培训场所，也使学校更好地了解企业的实际运作情况，实现了理论与实践的有机结合。

（2）实践操作的强化与企业文化的传达

高职院校通过冠名班实习实训等方式，强化学生的实践操作能力。这种与企业联合的方式，使学生在实际工作中能够更全面、更系统地提高职业技能，为未来的职业生涯做好充分准备。实训基地的建设也为传达企业文化提供了有力的途径。学生在实际工作中，不仅仅学到了专业技能，还感受到了企业的价值观、团队协作精神以及对工作的态度等方面的影响。这样的体验有助于学生更好地融入职业社会，理解并接纳企业文化。

4.学校教师与企业实习指导人员的协同作用

（1）精神引领作用

学校教师与企业实习指导人员通过言传身教的方式，共同发挥着精神引领的作用。在实训课上，教师们不仅关注技术层面的传授，还强调安全文明生产、严谨的工作态度等方面的要求，从而为学生树立正确的劳动价值观提供了指导。

（2）安全文明生产的培养

实训课程中将安全文明生产作为工作的基本要求，有助于培养学生的安全劳动习惯。通过将安全要求贯穿在实际操作中，学生在实践中逐渐形成严谨的工作态度，为未来从事工作奠定了安全基础。

（3）技术作为培养劳动情感的重要载体

学校教师将技术作为培养学生劳动情感的重要载体。在技术传授的同时，教师注重培育学生对工作的情感投入，通过实际操作锻炼学生的劳动能力和劳动情感，使学生在工作中不仅注重技术的精湛，还注重对工作的热情和责任心。

高职院校在劳动教育与实习实训方面的紧密度强，通过实践性教学、实习实训的设计与实施，使劳动价值观教育贯穿于人才培养全过程。通过与企业的合作建设实训基地，为学生提供更真实的职场环境，使他们在实际操作中更好地理解职业需求。学校教师与企业实习指导人员的协同作用更加凸显，共同发挥着精神引领、安全文明生产培养、技术作为培养劳动情感的载体等多方面的作用，促进学生在劳动教育和实践中全面发展。

二、新时代高职院校劳动教育存在的问题

劳动教育的认知与目标还不够明确，劳动教育的内容和形式单一，家校社未形成协同育人模式，师资队伍建设有待加强，考核方式不够严谨和科学等，势必会影响到劳动教育实施的成效。

（一）劳动教育认知与目标的厘清

1.劳动教育目标的认知与厘清

首先，对于劳动教育的认知和定位至关重要。根据教育部于2020年颁发的《大中小学劳动教育指导纲要（试行）》，劳动教育被明确纳入教育体系，被要求在全局工作规划中占有重要地位，以促进全社会对其价值的共识。然而，通过对相关部门、学校和社会进行问卷调查，发现对劳动教育的认知存在一定程度的不足，其目标的定位也显得不够准确。

在学生层面，对劳动教育的重要性和价值的认识还未达到应有的水平，形成了一些偏差的观念。具体而言，学生对劳动教育的认知普遍存在缺陷，表现为对其价值和重要性的理解不深刻。这可能是因为学生在传统观念的影响下，

对劳动产生了一些刻板印象，认为劳动是低层次、低技能的工作，从而影响了对劳动教育的认知。

其次，学校在劳动教育方面的重视程度令人担忧。调查显示，仅有43.60%的学生表示学校出台了与劳动教育相关的文件和制度，以及总体实施方案。进一步分析表3—1的数据，关于劳动必修课程的课时安排、开设情况以及劳动教材等综合数据显示，学校在劳动教育方面存在着明显的不足。

2.学生对劳动教育的积极性和劳动意识方面亟需提升

在当前高职学校中，学生对劳动教育的态度和意识表现出一定的问题，这直接影响到劳动教育的实施效果。通过对学生和教师的调查数据分析，发现学生对劳动教育的积极性不高，劳动意识存在差距。

首先，数据显示仅有18.11%的学生认为高职学生对劳动教育的态度非常积极。（见表3—2）这表明大多数学生对劳动教育的态度并不积极。对于这一现象，可能是受到传统观念的影响，认为劳动与学业无关，甚至认为劳动是低层次的工作，因此对劳动教育缺乏积极性。

其次，63%的学生表示只是偶尔参加学校组织的劳动教育活动。（见表3-2）这表明学生在实际的劳动教育活动中参与度不高，可能是由于学业压力大、时间分配不当等原因导致的。这也反映了学生对于劳动教育活动的参与程度有待提高。

同时，教师普遍认为学生的劳动意识整体较为一般，甚至有淡薄的趋势。（见表3-4）这可能与学生在课堂上对劳动教育的态度以及实际参与劳动活动的情况有关。教师对学生劳动意识的评价反映了学生整体的认知水平和态度。

3.劳动教育的宣传和校园氛围的打造亟待加强

学生毕业后的就业意向是衡量劳动教育成效的一个重要方面。然而，通过对学生毕业后就业意向的调查发现，存在一定比例的学生倾向于追求与劳动教育背道而驰的职业选择。这反映了社会环境和校园文化对学生的影响，因此需要加强劳动教育的宣传，打造积极向上的校园氛围，引导学生正确看待劳动的价值和意义。

首先，调查数据显示，只有12.40%的学生表示有志成为网红或网络主播，而有24.99%的学生希望成为一线技术人员。（表3-5）这表明学生的就业意向相对多样，但也意味着一部分学生更倾向于追求与传统劳动观念相悖的职业选择，如追逐网络名利。这可能是社会对于成功标准的定义多元化，以及互联网时代价值观的多样化的结果。

其次，学生对体力劳动表现出排斥，害怕吃苦、怕累，甚至追求快速发财致富的心态。这反映了社会环境和校园文化对学生的影响存在功利化的倾向。可能是受到社会成功典型的影响，一些学生更追求名利和轻松致富，而忽视了劳动所蕴含的价值和意义。

表3-1　学习有没有出台劳动教育的相关问卷制度，并形成劳动教育总体实施方案？（学生版）

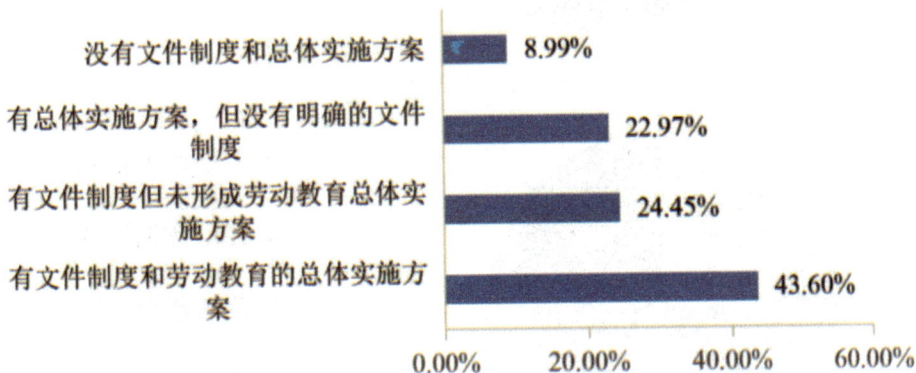

表 3-2　您认为高职学生对待劳动教育的态度非常积极？（学生版）

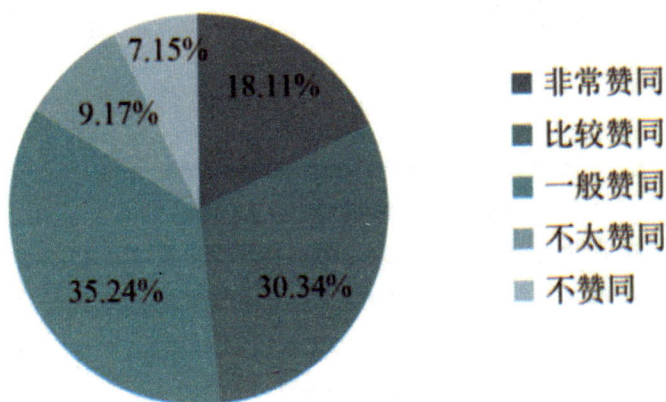

表 3-3 您在学生参加的劳动教育的频次？（学生版）

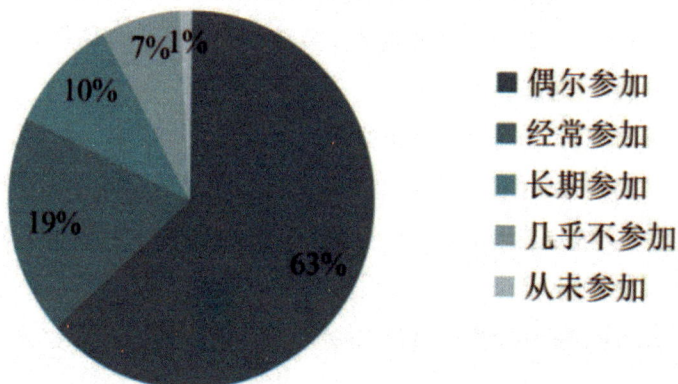

- 偶尔参加
- 经常参加
- 长期参加
- 几乎不参加
- 从未参加

表 3-4 您认为目前高职院校学生劳动意识怎么样？（教师版）

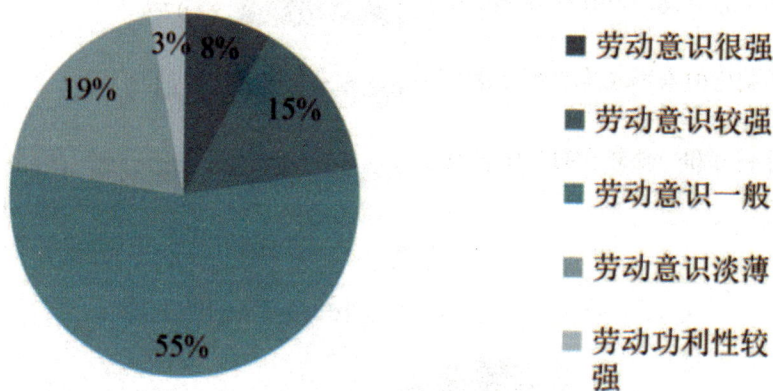

- 劳动意识很强
- 劳动意识较强
- 劳动意识一般
- 劳动意识淡薄
- 劳动功利性较强

表 3-5 您毕业后想从事的工作是？（学生版）

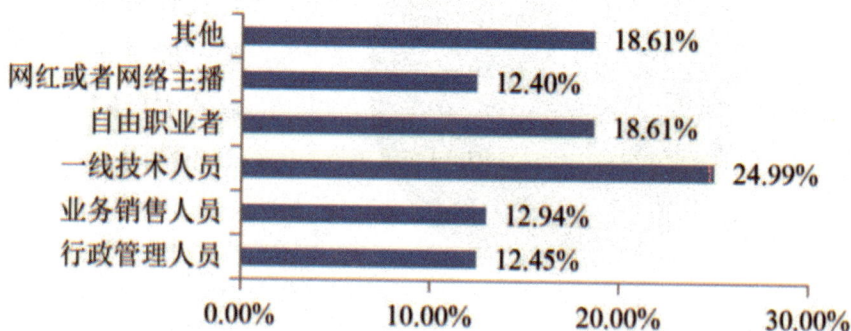

（二）劳动教育内容和形式的单一

1.劳动教育内容和形式的单一

劳动教育课程作为学生综合素质培养的一项重要内容，应该具有创新性和时代性，以更好地适应青少年未来的发展和工作需求。然而，实际实施中发现许多学校的劳动教育课程存在内容和形式的单一问题，缺乏创新性，无法与学生的实际生活相契合。

首先，劳动教育课程的内容单一。目前，许多学校的劳动教育课程局限于传统的清扫班级卫生、参与校内公益活动、志愿服务等方面。这些内容缺乏针对性，无法满足不同学生的个性化需求，也难以激发学生的创造力和实践能力。

其次，劳动教育课程的形式较为单一。很多学校将劳动教育仅仅局限在课堂之内，缺乏多样化的教学手段和实践活动。这导致学生对劳动教育的兴趣不高，缺乏深度的体验，无法真正理解劳动的价值和意义。

2.存在的问题及教师观点

在高职院校劳动教育实践中，教师们普遍认为存在问题主要集中在劳动教育的内容和形式方面。这些问题包括劳动教育过于简单枯燥，未能有效调动学生的积极性。

首先，劳动教育的内容单一。教师们反映，当前的劳动教育内容过于传统，主要集中在常规的卫生清扫、志愿服务等方面。这种单一的内容无法满足学生对于劳动教育的多元化需求，也无法引起学生的浓厚兴趣。

其次，劳动教育的形式相对单一。大部分劳动教育仍以课堂为主，缺乏实际的实践活动和项目。学生在枯燥的课堂环境中难以产生浓厚的兴趣，也难以将理论知识转化为实际能力。

3.劳动实践形式的调查结果

劳动实践在高职院校的劳动教育中具有重要地位，通过对劳动实践形式的调查，我们可以更深入地了解学生的参与状况以及现存问题。根据表3-6的数据，学生在劳动实践中的参与广度相对较大。其中，50.52%的学生定期参与校外劳动教育实践基地活动，56.99%的学生参与社会实践和志愿服务，57.84%的学生参加校内公益劳动，而58.52%的学生主要投入校园内环境清洁和秩序维护。尽管学生在劳动实践中有一定的参与广度，但也凸显了劳动形式的相对单一。主要表现在学生的劳动实践活动主要局限在校内，以环境清洁和秩序维护为主。这种单一的形式难以满足学生的多样化需求，也难以培养学生更为全面的动手能力和实际解决问题的能力。

表3-6　您参加劳动实践活动有哪些？（学生版）

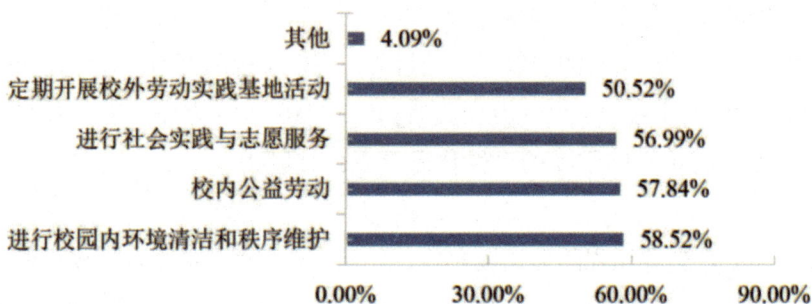

（三）劳动教育协同育人模式未形成

1.劳动教育协同育人模式的不足

学校作为主要的劳动教育阵地，在培养学生成长成才方面担负着重要责任。为确立学校在劳动教育中的主导地位，协同家庭和社会的支撑至关重要。然而，问卷调查中的数据显示，学校与家庭之间在劳动教育的协同育人模式上存在不足。根据表3—7的数据，38.02%的学生表示在假期放假时学校未普遍布置家庭劳动作业，而40.31%的学生表示学校经常有这样的布置，并得到了家庭的知晓和支持。数据显示，学校在假期放假时未普遍布置家庭劳动作业，这表明学校在与家庭之间的劳动教育互动上存在一定的不足。在家庭不参与的情况下，学生接受到的劳动教育可能相对薄弱，无法形成学校、家庭、社会共同推进的劳动教育协同育人模式。

2.学校组织劳动教育的实际状况

学校组织学生参与企业、实习基地等的劳动教育是培养学生实际工作技能和职业素养的关键环节。然而，学生对于这一教育形式的反馈存在差异，表明学校在组织劳动教育方面仍有改进的空间。根据表3—8的数据，30.92%的学生表示偶尔参与劳动教育，但基本上是形式过场，收获不大；而58.20%的学生回答有，并且经常参与，获得了专业知识和相关劳动技能。数据显示，部分学生对学校组织的劳动教育形式存在"形式主义"问题，未能真正提升学生的实际工作技能。这表明学校在组织劳动教育方面需要更加注重实际效果，避免"形式主义"，确保学生在参与劳动教育时能够真正获得实际技能和知识。

3. 教师对校外劳动实践基地的看法

校外劳动实践基地是高职院校劳动教育的重要组成部分，对于培养学生实际工作技能和职业素养至关重要。然而，教师对校外劳动实践基地的了解和看法存在一定的不足。根据表3—9的数据，48.39%的教师对是否有固定的校外劳动教育实践基地并不清楚，19.35%的教师认为没有这样的基地，6.45%的教师认为虽然有，但几乎形同虚设，只有25.81%的教师表示有，并且认为实践基地的开展状况良好。数据显示，近半数的教师对校外劳动实践基地的情况不了解，且有一部分教师认为基地存在但开展状况并不理想。这表明学校在校外劳动实践基地的建设和管理上存在一定的不足，需要更加关注这一方面，以充分发挥校外劳动实践基地的作用。

表 3-7 假期放假时学校会布置家庭劳动作业吗？（学生版）

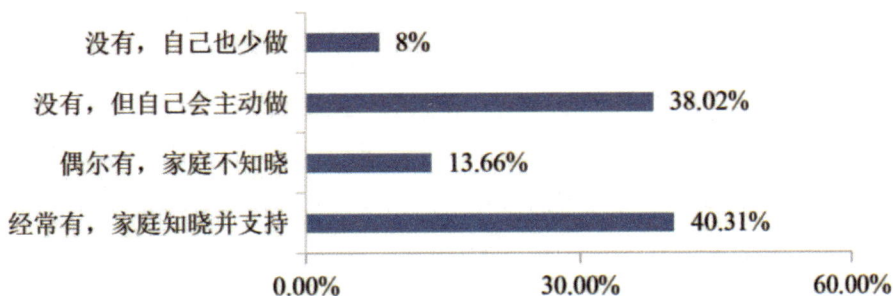

表 3-8 学习组织过到对口的企业、实习基地等进行劳动教育吗？（学生版）

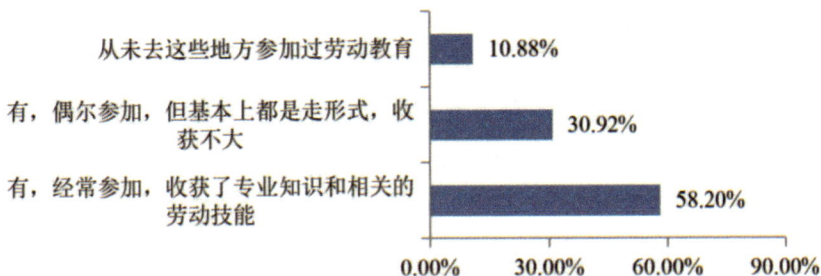

表 3-9 您的学校有没有校外劳动教育的固定实践基地？（教师版）

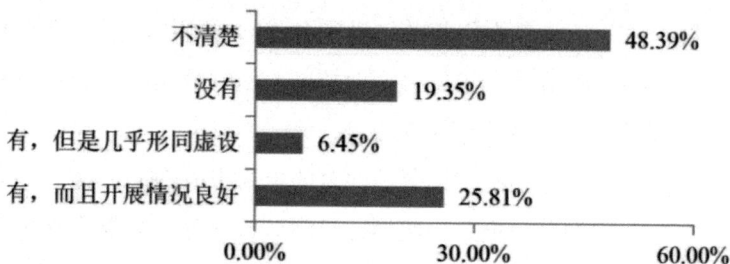

（四）师资队伍建设有待加强

专业的师资队伍是劳动教育课程和实践活动成功开展的基础与保障。为确保学校在进行劳动教育时能够顺利完成相关任务，师资队伍建设需要高度关注。然而，目前教师师资队伍建设存在不足，导致学校缺乏专业的师资力量来保障劳动教育的正常开展。主要问题在于由辅导员、思政课教师、实训教师、专业教师等兼任劳动教育课程。

1.师资培训不足的现状

师资队伍是劳动教育成功实施的关键因素之一。然而，通过对教师培训的调查发现，大部分教师并未接受过学校劳动教育相关的培训，这可能导致教师在劳动教育方面的认知和教学水平存在欠缺。根据表 3—10 的数据，25.81%的教师表示接受过学校劳动教育相关培训，而 74.19% 的教师表示没有参加过。这表明学校尚未建立完整的教师培训制度，尤其是对劳动教育的培养目标、内容和形式缺乏系统的培训。师资培训不足的现状可能导致教师在劳动教育方面的认知和教学水平存在欠缺。缺乏系统培训也使得教师对劳动教育的深刻理解不足，难以在实际教学中有效发挥劳动教育的作用。

2.教育效果的影响

师资队伍在劳动教育中的不足直接影响了学生对劳动教育的效果评价。学生的积极性受到打击，导致应付了事的现象普遍存在。缺乏专业师资的支持，劳动教育未能在教学实践中展现其真正的效果，阻碍了学生对劳动教育的全面认知与深刻理解。

（1）师资队伍对劳动教育效果的直接影响

师资队伍的不足直接影响了整个劳动教育的质量和效果。缺乏专业背景和培训的教师在教学中可能难以有效引导学生，导致劳动教育课程显得简单枯燥，缺乏吸引力。学生在没有受到足够专业指导的情况下，很难深入理解劳动的本质和意义，影响了他们对劳动教育的认知水平。

（2）学生积极性下降与应付了事现象的普遍存在

由于教师的不足，学生对劳动教育的积极性受到打击，出现了应付了事的现象。学生可能只是完成表面性的任务，而缺乏对劳动的深入思考和全面体验。这种现象使得学生对劳动教育的效果产生怀疑，降低了他们对劳动的兴趣和投入度。

（3）教育效果评价的缺陷

师资队伍的不足还影响了对劳动教育效果的评价。由于教育内容的单一和学生对劳动的认知水平不足，评价指标往往局限在表面性的劳动参与次数和时间上。这种评价方式无法全面反映学生对劳动本质的理解和在实践中的运用能力，导致评价的缺陷。

表 3-10　您是否参加过学校劳动教师的相关培训？（教师版）

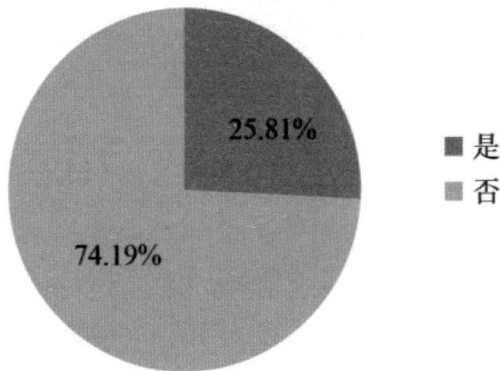

（五）考核方式不够严谨和科学

1. 考核方式的不足

尽管学校已将劳动教育纳入评优评先的体系，但在考核方式的设计与实施方面存在不足。尽管学校已将劳动教育纳入评优评先的体系，但在实际操作中，仍然存在极少数学校未将其纳入全面的考核评价体系的问题。数据显示，51.61% 的教师对劳动教育的教学质量评价标准缺乏清晰认知，说明学校在这方面普遍缺乏统一的标准，导致评价不够科学和客观。在劳动教育的教学质量评价标准方面，37.10%的教师认为存在评价标准，11.29%的教师认为没有。（表3-11）这意味着学校对于劳动教育的教学质量评价标准并不统一，缺乏一套明确的、全面的标准。这种情况使得劳动教育的教学质量评价陷入一定的混乱，难以准确反映教学的真实水平。缺乏全面的考核评价体系和统一的评价标准，使得对劳动教育的监控不足。监控是保障教育质量的有效手段，然而，由于缺失了统一的评价标准，劳动教育的综合评估受到一定的制约。这直接影响了对劳动教育效果的全面了解和分析。

表3-11 您所在学校有劳动教育的教学质量评价标准吗？（教师版）

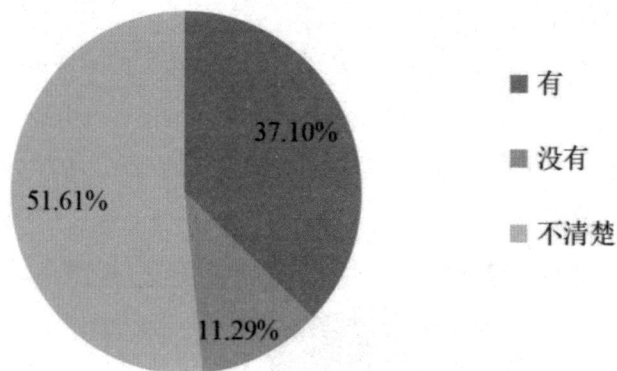

2.缺失的评价标准对劳动教育的影响

缺失的质量评价标准直接影响高职院校劳动教育的评价体系，对劳动教育产生了深远的影响。

（1）评价内容缺失导致评价不准确

缺失的评价标准使得劳动教育的评价内容难以准确地体现高职院校劳动教育的特色。在缺乏明确的评价标准的情况下，对学生在劳动教育中的实际表现进行客观评估变得困难。这影响了对教育质量的准确把控，难以全面了解劳动教育的实际效果。

（2）评价指标缺乏可操作性

由于评价指标的缺乏，评价过程缺乏可操作性，难以实现对劳动教育的诊断性评价、过程性评价和总结性评价的统一。学校难以根据明确的标准开展对劳动教育的定量评价，评估教育质量的有效性。这使得学校在劳动教育方面的改进工作缺乏有力的数据支持。

（3）忽视学生在教学中的主体地位

缺失的评价标准容易使评价过程过于着眼于教育机构，而忽视了学生在教学中的主体地位。学生的个体差异、成长需求难以在缺失了个性化评价标准的情况下得到充分考虑。这不符合教育的个性化发展趋势，使得劳动教育的效果因人而异。

3.对劳动教育特色的忽视

缺失统一的评价标准对高职院校劳动教育特色的忽视是当前劳动教育领域的一个突出问题。

（1）评价标准缺失对劳动教育特色的影响

评价标准的缺失导致对劳动教育的科学评估受阻，使得劳动教育的独特特色未能得到充分体现。在缺乏明确的评价标准的情况下，难以准确地衡量劳动教育的实际效果，也难以对劳动教育的特色进行有针对性的评估。这使得学校在提供学生更具针对性的改进建议方面面临困难。

（2）科学评价标准的重要性

缺乏科学的评价标准不仅使得对劳动教育的评价缺乏客观性，更使得劳动教育的特色未能得到突显。科学的评价标准能够为劳动教育设定明确的目标和要求，量化地衡量学生在劳动教育中所获得的技能和经验，为学校提供更具体、有针对性的发展方向。

三、新时代高职院校劳动教育存在问题的原因分析

高职院校劳动教育通过一段时间的实践获得了一定的成绩，但同时也要看到存在的问题，对问题的原因产生剖析，才能更好地为高职院校开展劳动教育提供建议与对策。

（一）劳动教育制度环境还有待完善

1.制度环境的不完善

高职院校在劳动教育方面存在多方面问题，其中制度建设不完善是其中之一。虽然部分院校制定了相关制度和方案，但在具体的执行中存在形式主义和应付检查的现象。这导致学生普遍认为劳动教育是可有可无的，进而影响了劳动教育的实际效果。需要更加细化、完善劳动教育的制度，确保其能够真正贯

彻到学校的日常教育工作中。

2.目标建设的不足

在劳动教育的培养目标方面，目前高职院校存在着不够清晰的问题。通过调查问卷可以发现，对劳动教育的主要内容和培养目标没有精准定位，学校未充分认识到劳动教育在人才培养中的重要作用。这意味着劳动教育在学校教育体系中的地位和作用还需要进一步明确和加强，以更好地服务于学生的全面成长和职业发展。

3.劳动文化氛围的不足

在劳动文化氛围的营造上，存在多方面问题。劳动教育宣传的载体不够丰富，各类文体和社团活动对劳动教育的涉及较为有限。这导致学校在培养学生文化素养方面的功能还有待提高。此外，在新媒体宣传中也缺乏对"头脑风暴"和人工智能时代"创造性劳动"的宣传，使得学生在劳动中缺乏创造性和新鲜感。因此，需要通过多样化的宣传手段和文化活动，全面提升学生对劳动的理解和认知，使其在劳动中更好地发挥创造性和创新性。

（二）劳动教育课程体系建设缺乏规划

1.劳动教育课程体系规划的不足

以课程教学为核心，育人为目标，劳动教育的实施在很大程度上依赖于劳动课程的设计与编排。尽管高职院校已将劳动教育课程纳入人才培养方案，但大多数学校的劳动教育课程仍处于起步阶段，且在整个学校课程教学中占据边缘地位。一方面，部分学校尚未全面开设专门的劳动课程，课程安排存在缺失。在课时分配上，一些学生反映劳动教育的专题必修课未能达到标准的16学时。在教材安排上，尚未建立起专门的教材，反映出劳动教育未能完全融入学校教学课程体系的建设规划。

2.劳动教育课程的狭隘与形式化

高校劳动教育课程存在内容狭隘和形式化等问题。虽然部分高职院校设置了劳动教育课，但其内容简单，理论深度不够，知识面较为狭窄，缺乏与时俱进的相关内容，对学生的吸引力相对较低。在形式安排上，以校内卫生打扫为主，未能有效融合就业指导、创新创业等校外延伸课程，导致实际效果不佳。此外，形式主义和应付心态在课程实施中较为明显，未能激发学生的浓厚兴趣，对劳动教育的实际效果产生不良影响。

3. 课程内容的更新和整合的不足

劳动教育课程的内容更新不够及与其他相关课程的整合问题也需要关注。课程内容缺乏与时俱进的元素，未能顺应新时代的要求。同时，劳动教育课程与其他校内外课程的整合较为有限，缺乏与就业指导、创新创业等课程的有效衔接。这限制了学生在课程学习中获取全面知识和培养综合能力的机会，需要在规划和实施中更加注重内容的更新与整合。

（三）劳动教育协同育人模式未联动

劳动教育是每个学生应该接受的教育，但是劳动教育在学校、家庭、社会的缺位，是目前高职院校劳动教育面临的严峻事实。具体来说：

1. 家庭层面的劳动教育缺失

在家庭层面，劳动教育普遍受到忽视。传统观念中存在"劳心者治人，劳力者治于人"的观念，将体力劳动视为低阶层或学业不努力者的特征。父母普遍认为让孩子从事劳动会浪费学习时间，对学业造成干扰。因此，很多家庭未对孩子提出操持家务的要求，过度追求学业成绩，导致劳动教育在家庭中被忽视。

2. 学校层面的孤立劳动教育

在学校层面，对劳动教育的关注程度不足。尽管学校在理念上是劳动教育的主导者，却往往独自开展，未能与其他领域形成有效的联动。高职院校对劳动教育的整体重视程度不够，劳动教育活动过于局限于校内，未能形成学校、家庭、社会的协同育人合力。

3. 社会层面对劳动教育的忽视

在社会层面，劳动教育也未得到应有的重视。实施劳动教育需要全社会的齐心协力，但仅靠学校一方的力量难以达到良好效果。社会应提供多元化的社会实践平台和实践基地，特别是在产教融合的背景下，企业作为劳动场所更适于真实的实践。然而，在校企合作中，企业对劳动教育场地的研发和资源开发不足，导致校企合作未能实现共同育人目标。因此，家庭、学校、社会之间未能通过全面的协作形成合力，劳动教育因此失去了一些学生对劳动的尊重和对劳动成果的重视，学生对劳动的热爱程度下降。

（四）劳动教育师资队伍建设不完备

1.师资队伍现状

目前高职院校劳动教育的师资队伍存在一系列问题。首先，现有劳动教育师资队伍整体水平不尽如人意，缺乏高水平、专业化的教师。劳动教育的师资保障政策尚不完善，职称评定体系不够健全，导致教学水平参差不齐，社会化兼职教师选拔和聘用渠道存在瓶颈，整体人员专业化水平有待提升。

2.师资队伍结构问题

劳动教育在高职院校中地位较低，反映在师资队伍结构上，数量相对有限。由于投入不足，专业支持匮乏，大多数教师不愿意在劳动教育上投入过多精力。此外，教师队伍以行政人员、辅导员为主，缺少系统专业培养，阻碍了劳动教育的深入发展。

3.师资队伍素质提升的障碍

劳动教育师资队伍存在知识储备不足、劳动教育理论认知不足的问题。教师本身承担繁重的教学和管理工作，未能及时学习和研究新时代背景下的劳动教育理念，导致其在体系建设中积极性不高。同时，学校未进行有针对性的教师队伍建设，未发挥"双师型"教师的特长，制约了劳动教育工作的顺利推进。

（五）劳动教育评价机制不健全

高职院校劳动教育评价考核在劳动教育实施过程中具有重要意义。评价考核体系核心在于以促进学生全面发展的目标为导向，建立公平、公正、全面的评价机制。然而目前当下，劳动教育评价机制存在以下几个方面的问题：

1.评价主体不够多元

劳动教育评价机制存在着评价主体单一的问题。当前，学校劳动、家庭劳动、社会劳动教育评价参与方缺乏多方联动，导致劳动教育的考核主体缺乏综合性和多样性。评价体系应更广泛地涵盖学校、家庭和社会等方面，形成协同联动的评价机制。

2.评价方法局限性

劳动教育评价方法仍然主要依据学生参与劳动的次数和时间，未能充分考虑学生在劳动教育中的综合素养和实际表现。对学生工作热情、工作态度、劳动技能等方面的评价相对薄弱，需要引入更科学全面的评价指标，使评价方法更具综合性和深度。

3.评优评先标准不明晰

尽管评优评先中包括了劳动教育，但标准和参考依据相对随意，动态管理存在不确定性。这导致劳动教育考核评价权的合理性受到怀疑。为此，需要明确具体的评优评先标准，建立科学的评价指标和动态管理机制，确保劳动教育在评价中得到充分体现。

第四章 高职院校劳动教育生态体系构建的理论基础

第一节 生态学视角下的劳动教育生态体系概念解读

一、生态学视角介绍

1.生态学的定义

（1）生态学的起源与发展

生态学的起源可以追溯到 19 世纪末期，这个时期正是工业革命兴起、城市化加速和农业实践变革的时期。这一时期的人类活动对自然环境造成了深远的影响，引发了对自然环境变化对生物和人类社会的影响的关注。工业废弃物的排放、城市扩张、土地利用的改变等问题逐渐引起人们的警觉，这为生态学的发展提供了土壤。

生态学的初期形成与自然历史学的发展密切相关。在 19 世纪初，自然历史学家开始通过记录和研究生物的分布、形态和行为，逐渐建立了对生物多样性的初步认识。亚历山大·冯·洪堡被认为是生态学的奠基人之一，他通过对南美洲地理的广泛考察，提出了一些基本的生态学概念，如植被带和气候带的概念，强调了地理环境与生物分布之间的关系。欧洲自然历史学派在 19 世纪中期兴起，通过对动植物的分类和描述，逐渐形成了对生态系统的初步认识。这一时期的自然历史学家，如爱尔兰的约翰·提纳特和德国的恩斯特·海克尔，为后来生态学的发展奠定了基础。

生态学的发展历程经历了20世纪初的演变。生态学逐渐从自然历史学中分离出来，成为一门独立的学科。爱尔恩·霍伯特是首位使用"生态学"一词的学者，并于1905年在《动植物的相互关系》一书中系统地阐述了生态学的基本概念。20世纪中期，生态学逐渐发展为一门综合性学科。E.P.奥德姆等生态学家提出了生态系统概念，强调了生物、环境和能量流动之间的相互关系。这种整体性观点为后来生态学的深入研究奠定了基础。

生态学的分支逐渐丰富，涌现出群落生态学、生态生理学、景观生态学等多个分支。这些分支各自关注特定的研究层面，为生态学的研究提供了更多的维度。群落生态学关注物种之间的相互作用和生态系统中的群落结构，生态生理学研究生物个体的生理适应和响应，而景观生态学则关注地表格局对生物多样性和生态过程的影响。

对生态系统的深刻理解是生态学发展历程的重要阶段。通过对生态圈、群落、种群等层次的深入研究，生态学家揭示了生物多样性、能量流动和物质循环等方面的规律。近年来，随着人类活动对环境的影响不断加深，生态学逐渐转向关注人类与生态系统之间的相互关系。环境污染、生态系统恢复、气候变化等成为生态学研究的重要方向。生态学的深入研究为我们更好地理解自然界的复杂性提供了理论基础，同时也为应对当代环境问题提供了科学支持。

综合而言，生态学的起源与发展历程既受到19世纪末自然环境关注的背景影响，也与自然历史学的发展、生态学概念的形成以及分支学科的涌现等因素密切相关。这一过程不仅见证了生态学从起初的观察性科学到逐渐发展为综合性学科的演变，同时也反映了对自然环境与生物相互关系认识的不断深化。在当代，生态学在面对复杂的环境问题和可持续发展挑战时，继续发挥着不可替代的作用。

（2）生态学的基本概念

生态学是一门广泛研究生物与环境之间相互关系的学科，其基本概念涵盖了生物、环境和能量流动这三个核心要素。这三个要素相互交织，形成复杂的生态系统，通过相互作用维系着整个生态系统的平衡和稳定。

生态系统的基石是生物，而生物的多样性和适应性是维持生态平衡的重要因素。生物多样性反映了生态系统中不同生物种类的数量和种类。这多样性不仅仅是为了生物的存在，更是对环境的适应。不同生物种类之间形成的相互作用网络构建了复杂的生态系统。适应性则是生物对环境变化的能力，包括对气候、食物可用性和其他生态因素的适应。生物通过进化逐渐发展出各种适应性特征，使其能够在特定环境中生存和繁衍。

环境作为另一个核心概念，包括了多种综合因素，如气候、土壤、水源等。这些因素相互作用，共同塑造了生物的栖息地。气候因素如温度、湿度和风速直接影响着植物和动物的生活。土壤的质地和成分影响着植物的根系发育和养分吸收。水源的可用性则直接关系到水生生物的生存。环境因素的综合作用构成了生态系统的基本特征，对其中的生物有着深远的影响。

能量流动作为生态过程的关键要素，牵涉到食物链、能量转化等方面。食物链描述了生物之间通过摄取和被摄取相互联系的关系。这种联系通过不同层次的食物链形成生态网络，将生物连接在一起。能量转化则是指能量在生态系统中的传递和转换过程。太阳能被植物吸收，通过食物链逐渐传递给食肉动物，最终转化为动物的生命活动能量。这种能量流动的过程维持着整个系统的能量平衡，是生态系统内生物生存和繁衍的基础。

在深入研究这些生态学基本概念时，我们能够更全面地理解生态系统的结构和功能，为环境科学、生态学和保护生物多样性等领域的实践提供了理论支持。这种专业性的深度探讨对于拓展我们对自然界的认识、推动可持续发展和环境保护具有显著的学术价值。

（3）生态学的整体性观点

整体性观点是生态学的核心理念之一，它深入研究生态系统的各个方面，旨在全面理解生物体与环境之间的相互作用及其在整个生态系统中的影响。通过对群落、生态圈等关键概念的细致分析，生态学为我们提供了洞察力，使我们能够更全面、深入地认识自然界的复杂性和稳定性。

整体性观点注重于生态系统的整体结构。生态系统是由生物体、非生物要素和它们之间相互作用组成的复杂网络。通过深入研究不同生物群体的相互关系和环境要素的动态变化，生态学揭示了生态系统中各个组成部分之间的紧密联系。这有助于我们理解整个系统是如何协同运作的，以及其中的相互依赖性如何维系生态平衡。

　　整体性观点突出生态系统的功能。生态学家通过研究生态系统的能量流、物质循环和生物多样性等方面，揭示了生态系统的基本功能和运作机制。这有助于我们理解不同生物在生态系统中的角色，以及它们如何相互依存，共同维持系统的稳定性。通过对功能的深入理解，我们能够更好地预测生态系统对外部变化的响应，为环境管理和保护提供科学依据。

　　整体性观点为劳动教育生态体系的构建提供了理论基础。生态学的研究成果不仅有助于我们更好地理解自然界的奥秘，也为可持续发展和环境保护提供了指导原则。在劳动教育中，整体性观点可以帮助培养学生的系统思维和环境意识，使他们更好地理解自己的职业与环境之间的关系，促使他们在职业中更加注重生态可持续性。

　　2.生态学在劳动教育中的作用

　　（1）生态学与劳动教育的融合

　　将生态学引入劳动教育领域，为我们提供了一个更为综合、系统的思考框架。通过对劳动教育活动与生态系统的类比，我们能够更深刻地理解学生、教师、学科课程等要素在劳动教育中的相互关系。这种融合不仅有助于提高学生对生态环境的认识，还能培养学生的系统思维和综合能力。

　　（2）劳动教育中的生态系统视角

　　生态学为劳动教育提供了生态系统的视角。通过对生态系统的研究，我们能够借鉴其相互作用、平衡机制等原理，将其运用到劳动教育中。这有助于建立更具有生态智慧的劳动教育生态体系，使劳动教育更加符合自然规律，促进学生在实践中的全面发展。

　　（3）生态学对劳动教育的理论支持

　　生态学为人类社会与自然环境的交互提供了有益的理论支持。劳动教育作为一种社会实践，其与自然环境的关系至关重要。生态学的理论支持有助于劳动教育更好地理解人类与自然的互动关系，引导学生在实际劳动中更加注重环境保护和可持续发展。

二、劳动教育生态体系概念

（一）多要素的劳动教育生态体系

1. 生态学视角解读

（1）生态学基本原理

生态学视角为构建劳动教育生态体系提供了深刻的理论指导。生态学强调整体性观点，注重研究生态系统中各要素的相互关系和相互作用。这一基本原理为劳动教育生态体系的构建提供了科学依据。生态学视角使我们能够从整体上理解劳动教育与周围环境之间的复杂互动，促使我们在体系设计中注重平衡、协调、可持续的发展。

（2）环境影响劳动教育

在生态学视角下，环境不仅仅是生态系统的组成部分，也是影响劳动教育的重要因素。环境因素，包括校园文化、社会背景、行业发展等，会对劳动教育的实施和效果产生深远的影响。生态学视角鼓励我们关注环境中各个要素的相互关系，从而更好地适应和引导环境对劳动教育的影响。

（3）生态平衡与劳动教育

生态平衡是生态系统稳定运行的关键。同样，劳动教育生态体系也需要在各要素之间建立平衡。学生、教师、教育资源等各个要素的平衡和协调，才能够实现良好的劳动教育效果。生态学的平衡理念为劳动教育提供了一种有机整体的构建思路。

2. 劳动教育生态体系概念

（1）多要素构建劳动教育生态体系

劳动教育生态体系被构想为一个多要素的系统，其核心是教育要素、学生、教师、社会等多个层面的要素相互关系和相互作用。这样的构想有助于理解劳动教育的复杂性和多元性，强调了各要素之间的紧密联系和相互依赖。在这个生态体系中，每个要素都对整体产生着重要的影响，形成一个相互协调的有机整体。

（2）教育要素的多元性

劳动教育生态体系中的教育要素包括课程设置、教学方法、评估体系等。这些要素相互关联，共同构建了劳动教育的整体框架。生态学的整体性观点帮助我们理解这些教育要素是如何相互影响、相互依存的，以及它们如何共同作用于学生的发展。

（3）学生与教育生态

学生作为劳动教育生态体系的重要组成部分，其个体差异、学习需求、发展阶段等因素会对整个体系产生深远的影响。从生态学的角度看，学生与其周围的教育环境形成了一种相互依存的关系，这需要我们在构建劳动教育体系时更加关注个体差异，提供差异化的支持和指导。

（4）教师角色与劳动教育生态

教师在劳动教育生态体系中扮演着关键的角色。生态学视角使我们能够更好地理解教师与其他要素之间的相互作用，以及他们在整个体系中的功能。教师的教学方法、激励方式、专业水平等因素都会对学生和整个生态体系产生影响。

（5）社会参与生态平衡

劳动教育不仅仅局限于学校内部，还需要与社会有机结合。社会作为生态体系的一部分，通过提供实践机会、产业合作等方式与劳动教育相互影响。社会的发展状况、需求变化等因素也会对劳动教育的方向和内容提出新的要求。

（二）平衡与可持续性

1. 平衡的构建

（1）教育要素之间的协调关系

劳动教育生态体系中，教育要素的平衡体现在课程结构的设计上。不同课程之间需要协调，确保它们既能够形成有机的整体，又能够满足学生多样的需求。例如，理论课程和实践课程之间的平衡，专业课和通用课之间的协调等，都是构建平衡的关键。

教育要素包括学科知识和实际技能的培养。平衡的构建需要注重学科与技能的协同发展，使学生既能够获得扎实的理论知识，又能够具备实际操作的能力。例如，通过将理论课程与实践课程相结合，培养学生综合运用知识的能力。

（2）学生个体差异的关注

在构建平衡的过程中，需要关注学生的个体差异。实施个性化学习是保持平衡的重要途径。通过了解学生的学习风格、兴趣爱好、认知水平等，设计差异化的教育方案，满足不同学生的需求，从而实现整体的平衡。

平衡也体现在对学生全面素养的关注上。不仅要关注学科知识的传授，还要培养学生的创新思维、团队协作能力、沟通表达能力等综合素养。这种全面素养的发展有助于构建更加平衡的教育体系。

（3）教师团队的协同效能

平衡不仅仅是学生与课程之间的关系，还涉及教师团队之间的协同效能。建设协同合作的文化是构建平衡的关键。通过促进教师之间的信息共享、经验交流，形成共同的教育目标和价值观，使整个团队更有力量去应对多元任务。

教师团队的平衡还需要关注专业性与创新性之间的平衡。一方面，教师需要具备扎实的学科知识和专业技能，另一方面，也需要具备创新思维和教学方法。平衡专业性与创新性有助于提升教学质量，使教育更加全面。

2.可持续性的保障

（1）引入创新教育理念

可持续性的保障需要引入创新的教育理念。不断更新教育理念，使其能够适应社会发展的变化，有助于劳动教育体系在长期内保持活力。例如，强调实践导向、跨学科融合的教育理念，能够更好地适应时代的需求。

可持续性还需要考虑技术与教育的融合。引入新技术，如人工智能、虚拟现实等，使教育更加生动、实用。这样的创新不仅能够提升教学效果，也能够使劳动教育体系更具吸引力。

（2）发展新型实践方式

为了保障可持续性，需要发展新型的实践方式。不仅仅局限于传统的实训模式，还可以引入项目式学习、社会实践、实习等多样性实践方式。这有助于培养学生更全面的能力，适应未来社会的发展。

可持续性的关键在于与社会的对接。劳动教育体系需要不断了解社会的需求变化，调整教育内容和方式，使其与社会发展保持一致。例如，关注新兴产业的需求，调整专业设置，使劳动教育更具前瞻性。

（3）保持生态平衡

为了保障可持续性，需要建立动态调整的机制。这一机制应包括及时收集教育体系各要素的反馈信息，分析评估体系的运作状况，从而在变化中保持生态平衡。动态调整的机制使劳动教育体系具备适应性，能够灵活应对外部环境和内部变化。

可持续性体系需要建立良好的反馈与改进循环。教育体系中的每个要素都应能够及时反馈信息，从而形成一个循环系统。通过持续地评估和调整，劳动教育体系能够不断优化，保持与社会需求和学生发展的一致性。

第二节　劳动教育生态体系构建的理论模型

一、生态平衡的要素

（一）学生的角色与平衡

在构建劳动教育生态体系时，学生作为核心要素扮演着至关重要的角色。以下是对学生的角色与平衡的详细讨论：

1.课程结构的设计

（1）平衡理论与实践的比例

在构建劳动教育生态体系时，首要考虑的是课程结构的设计。平衡理论与实践的比例是确保学生全面发展的关键。理论知识的传授是为了建立学科框架，而实践操作是为了让学生将所学知识应用于实际问题。合理设计课程，确保理论与实践相辅相成，使学生在学习过程中能够既深入理解理论，又能够通过实际操作培养实际能力，达到知行合一的教育目标。

（2）个体差异的关注

个体差异是劳动教育生态体系中不可忽视的因素。学生在认知水平、学科兴趣、学习风格等方面存在差异，因此需要采取差异化教学策略。通过对学生的个体差异进行关注，可以制定更为灵活的教学计划，满足不同学生的学习需求。这不仅有利于提高教学效果，还有助于培养学生的自主学习能力。

2.个体差异的关注

（1）差异化教学策略的采用

差异化教学是针对学生个体差异而设计的一种教学方法。在劳动教育生态体系中，学生的个体差异不仅仅表现在学科兴趣上，还包括了认知水平、学习能力等方面。通过采用差异化教学策略，可以更好地满足不同学生的需求，提高他们的学习兴趣和学科成绩。这有助于构建一个更加多元化和包容性的劳动教育环境。

（2）实施个性化学习计划

劳动教育生态体系中，实施个性化学习计划是关注学生个体差异的重要体现。通过深入了解每个学生的学习特点和需求，制定符合其个体差异的学习计划。这不仅使学生在学习中感到更有成就感和自信心，也有助于培养其自主学习的能力，提高学习效果。

（二）教师团队与协同效能

1.课程设计的协同

共同参与课程设计，确保各门课程之间的内在逻辑和联系，从而形成有机的教学体系。协同效能还涉及教师之间的信息共享和协同备课，以提高整体教学质量。

（1）共同参与课程设计

教师团队的协同效能体现在共同参与课程设计上。不同科目的教师应该在课程设计的初期就共同参与，确保各门课程之间有内在的逻辑关系和联系。这不仅有助于形成系统性的教学体系，还可以避免各门课程之间的重复或冲突，提高整体的教学效果。

协同参与课程设计需要强调教师之间的合作精神。通过团队会议、讨论和交流，教师们能够共同制定课程目标、教学内容和评价方式，形成整体的教学框架。这种协同设计不仅有助于提高教学质量，还能够激发教师的创新能力，促进教学方法的多样性。

（2）信息共享和协同备课

教师团队的协同效能涉及信息共享和协同备课。信息共享是指教师之间及时、有效地交流教学资源、经验和方法。通过建立信息平台，如在线教学资源库或教学交流平台，教师们可以分享各自的教学资料和心得体会，从而互相受益，提高整体水平。

协同备课是协同效能的另一方面。教师们可以在备课过程中共同讨论教学内容、难点和重点，相互提供建议和支持。协同备课有助于发现和解决教学中的问题，提高对课程的整体把控能力。此外，通过协同备课，教师们还能够更好地理解各门课程之间的关联，有助于形成有机的教学体系。

（3）提高整体教学质量

教师团队通过协同效能可提高整体教学质量。共同设计课程和协同备课使得教师们能够更好地了解学科之间的交叉点，更好地整合各门课程，使学生在学习过程中能够形成更为全面的认知。这种整体性的设计不仅有助于提高学科知识的融会贯通，还能够培养学生的综合素养。

教师团队的协同效能也有助于教学方法的创新。通过教师之间的互相启发和切磋，可以不断尝试新的教学方法和手段。这种创新精神有助于提高课程的吸引力和趣味性，激发学生的学习兴趣，提高他们的参与度和主动性。

通过共同参与课程设计、信息共享和协同备课，教师团队可以形成高效的协同效能机制，提高整体教学质量，为劳动教育生态体系的构建奠定坚实基础。这种协同效能不仅有助于教师个体的专业成长，也为学生提供更为一体化的学习体验。

2.专业与创新的平衡

专业性体现在教师对课程知识的深入理解，而创新性则需要教师不断更新教学理念和方法。跨学科能力的培养，专业发展与创新教育理念的结合，是构建平衡教师团队的关键。

（1）专业性的重要性

专业性是教育领域的基石。教育工作者应该对所教授的学科有深刻的理解和熟练的应用能力。这不仅包括对学科知识的广泛涉猎，更需要深入挖掘学科内涵，了解最新的研究进展和教学方法。教师的专业性直接影响到学生对知识的掌握和理解程度，是培养学生的关键。

专业性是教师团队的核心竞争力。一个具备专业知识的教育团队能够提供更高质量的教学服务，吸引更多学生和家长的青睐。专业性不仅表现在知识的传授上，还体现在教学方法、评估体系以及个性化教学方面，使得学生能够更全面的发展。

（2）创新的必要性

创新是应对不断变化的社会和教育需求的关键。教育领域面临着新技术、新理念、新教学方法的不断涌现，如果教师团队不具备创新能力，就难以跟上时代的步伐。创新涉及教学理念的更新、教学方法的改进以及教育科技的应用，这些都需要教师具备不断学习和创新的精神。

创新推动教育体系的不断优化。通过教师的创新，教育体系能够更好地适应社会的发展和学生的需求。创新可以表现为教育内容的更新、教学手段的改良，以及对个性差异的更好适应。这样的创新不仅提高了教育的质量，也使得学生更容易适应未来社会的挑战。

（3）跨学科能力的培养

跨学科能力是教育领域适应复杂多变环境的必备素养。在当今社会，各个学科之间的交叉越来越频繁，而教育问题往往不仅仅是单一学科可以解决的。教师团队需要具备跨学科的知识，能够更全面地理解学生的需求，更灵活地应对教学挑战。

跨学科能力有助于打破学科之间的壁垒，促进团队合作。当教师具备了多学科的知识，团队内部更容易实现信息共享、资源整合，从而提高整个团队的综合素养。跨学科能力培养不仅仅是学科知识的堆砌，更是激发创新的源泉。

（4）专业发展与创新教育理念的结合

专业发展应当与教育理念相互促进。教育理念是教育工作者对教育目标、教学方法和学生培养理念的总结和概括。在专业发展过程中，教师应当结合自己的专业特长，不断优化并深化教育理念，以更好地指导教学实践。

专业发展需要结合实际创新的教育方法。不同的学科和教学对象可能需要不同的教育方法，而这些方法的选择需要在专业知识的基础上进行。通过参与创新的教育项目、教学模式的尝试，教师可以更好地将专业性和创新性相结合，提高教学的质量。

二、社会参与的元素

（一）校企合作机制的建立

1.合作机制的建设与目的

建设校企合作机制需要从明确合作目的、建立合作框架出发。学校应当深入了解本地产业结构和市场需求，明确劳动教育的培养目标。在此基础上，制定与企业合作的长远规划，明确合作的重点领域和具体方案。同时，建设合作平台，包括信息系统、线上平台等，以便学校和企业之间能够更加便捷地进行信息共享和沟通。

合作机制的目的在于搭建一个有效沟通的桥梁，实现双方的共赢。通过与企业紧密合作，学校能够更准确地了解当前职业领域的需求和趋势，为学生提供更具实际价值的培养。同时，企业可以通过合作更好地获取人才，解决实际业务中的问题，实现人才培养和业务需求的有机结合。

2.企业实际工作场景的纳入

通过将企业的实际工作场景纳入劳动教育，学生能够获得更为实际的学习体验。这种实践性学习有助于将理论知识与实际操作相结合，培养学生解决实际问题的能力。学生在真实的工作环境中面对挑战，不仅能够提高实际操作的技能，还能培养解决问题的灵活性和创新性。

企业实际工作场景的纳入有助于提高学生的就业竞争力。在实际工作中获得的经验和技能，使学生更符合职业市场的需求，增加了就业时的竞争力。企业实际工作场景的纳入，使学生在校期间就能够适应职场，更好地走向社会。

3.促进学校与社会的互动

通过与企业的合作，学校能够更好地了解社会的变化和需求。企业作为社会经济的一部分，其需求和变化直接关系到学生的就业和职业发展。通过与企业的紧密互动，学校能够更及时地调整课程设置、教学内容，以适应社会的发展变化。

学校的教学资源也能为企业提供一定的支持，实现资源共享与互利共赢。学校拥有丰富的教学资源，包括教师队伍、实验室设施等，可以为企业提供专业的培训服务、解决实际问题的方案。这种资源共享不仅有助于提高学校的社会影响力，也为企业提供了更多发展的机会。

促进学校与社会的互动有助于形成良性的关系。通过持续的合作，学校和企业之间可以建立起互信、互利的关系，形成长期稳定的互动模式。这有助于确保合作的持续性，为双方提供更为稳定和可持续的发展空间。

（二）实践机会的增加

1.社会组织与学校的合作

社会组织与学校的合作是为了为学生提供更广泛的实践机会。通过与非营利组织、社会服务机构等合作，学校能够将社会资源引入教育领域，为学生提供更为丰富的实践体验。合作的目的在于拓宽学生的实践领域，让他们能够参与社会服务项目，了解社会问题，培养对社会责任的认知。

合作可以体现在具体项目的实施上。例如，与环保组织合作，学生可以参与社区环保项目，负责实地调研、提出改进建议，甚至参与环保活动的组织与实施。这样的实践机会不仅让学生亲身体验社会服务的过程，也培养了他们解决实际问题的能力。

通过与社会组织的合作，学校能够更好地培养学生的社会责任感。学生通过参与社会服务项目，深刻体验社会问题的存在，并通过实际行动为社会作出贡献。这种体验有助于激发学生对社会问题的关注，并培养他们积极参与社会事务的意识。

2. 行业协会的融入

学校与行业协会的合作使学生能够更深入地了解当前行业的发展状况。通过参与协会的活动，学生能够获得行业内的最新信息，了解前沿技术和行业标准。这有助于学生更好地规划自己的职业发展方向，提高他们对行业的理解深度。

行业协会的融入为学生提供了更全面的实践机会。协会通常会组织各类活动，包括培训、讲座、研讨会等，这些都为学生提供了了解行业运作、参与实际项目的机会。通过协会的平台，学生可以结识业界专业人士，拓展人脉，为未来的职业发展打下基础。

与行业协会的合作有助于学生获得行业认可与证书。协会通常具有一定的权威性，获得协会颁发的证书对于学生的职业发展具有重要的推动作用。学生通过参与协会认可的培训项目，不仅能够获取专业知识，还能够得到行业的认可，提升个人竞争力。

3. 实践领域的拓宽

实践领域的拓宽需要与各类社会机构的合作。学校与企业、社会组织、行业协会等多方合作，形成多层次、多元化的实践机会。这样的合作不仅能够为学生提供更广泛的实践领域，也能够让学生接触不同层次的实际问题，培养更全面的能力。

与各类社会机构的合作有助于培养学生解决实际问题的能力。不同领域的实践项目涉及的问题各异，学生通过参与这些项目，能够逐步培养对于复杂实际问题的解决能力。这种能力培养是传统教育难以替代的，对学生未来职业发展至关重要。

实践领域的拓宽有助于培养学生的综合素质。通过参与不同领域的实践项目，学生能够在实际操作中不仅仅学到专业知识，还能够培养解决问题的综合素质。例如，参与社会服务项目的学生可能需要具备团队协作、沟通能力以及领导力，而参与行业协会的学生可能需要具备更专业的技术能力和行业理解。实践领域的拓宽使得学生能够全面发展，提高自身在多方面的竞争力。

三、平衡与可持续性

平衡体现在各要素之间的协调关系上。在劳动教育生态体系中，学生、教师、课程、实践等各要素需要协同作用，形成一个有机、平衡、可持续的环境。

（一）协调与整合

1. 协调机制的建立

为实现生态平衡，需要建立协调机制以确保学生全面发展。这涉及课程设置、评估体系的设计，以及学生个体差异的关照。通过差异化的教学方法和个性化的辅导，协调学生在各方面的成长，使每个学生都能在劳动教育中得到最大程度的培养。在课程设置方面，学校可以采用差异化教学策略，设计灵活多样的课程，以满足不同学生的兴趣和潜能。这可以包括提供选修课程、实践项目等方式，让学生在自己感兴趣的领域进行深入学习。同时，建立个性化的辅导制度，关注每个学生的学习特点和需求，通过导师制度或学业指导服务，为学生提供有针对性的支持。

协调机制也涉及教师团队的协同工作。不同领域的教师应当充分发挥各自的专业优势，形成协同工作的团队。这可以通过跨学科的教学和研究合作来实现，确保教学内容的多元性和综合性。学校可以建立教师协同研究的平台，促进不同学科领域的教师共同参与研究项目。通过定期的教学研讨会、跨学科研究小组等方式，促进教师之间的交流与合作。这有助于将各学科的专业知识整合，提供更综合、跨学科的教学内容，促使学生全面发展。

在协调机制中，需要确保社会参与的元素与学校的目标相一致。通过明确目标、制定合作协议，学校与社会组织、企业之间建立起互信与协同的关系。这有助于将社会资源融入劳动教育，使其更符合学校的培养目标。建立社会参与的协调机制需要学校明确自身的发展目标，并与社会组织进行深入的对话与合作。学校可以设立社会咨询委员会，邀请企业高管、社会组织负责人等担任委员，共同参与学校的决策与规划。通过这样的机制，社会参与的元素能够更好地与学校的发展目标相契合，形成共同推动劳动教育生态平衡的力量。

2.资源的整合

资源的整合是实现生态平衡的关键。学生、教师、社会组织、企业等各方的资源需要被整合成一个有机的整体。这可以通过建立共享平台、资源交流的机制来实现，促进资源的充分利用。

整合各方资源有助于促进劳动教育体系的可持续发展。通过将社会资源纳入体系建设，使得劳动教育体系更具活力和适应力。这同时也是与社会保持紧密联系的途径，推动劳动教育体系与社会的互动发展。

资源整合不仅仅是为了保持平衡，还能促进跨界合作与创新。跨学科的合作有助于各要素之间的交流，推动劳动教育体系不断创新，适应社会发展的变化。

（二）长期发展中的稳定性

1.创新教育理念的引入

在劳动教育体系的长期发展中，创新教育理念的引入需要注重不断更新课程内容。这不仅包括对基础课程的更新，更需要关注行业前沿的知识和技术。通过定期评估课程，及时调整和更新教学内容，使学生能够接触到最新的行业动态，提高其实际应用能力。为了确保课程内容的更新与实际需求相契合，学校可以建立专门的课程更新机制。该机制可以包括与企业、行业协会的密切合作，邀请业界专业人士参与课程设计，确保教学内容紧跟行业发展趋势。此外，还可以建立学生评估小组，收集学生对课程内容的反馈，用以指导课程的不断优化。

创新教育理念的引入还需要教育体系能够适应社会发展的需要。社会的变革对劳动力市场提出了新的需求，劳动教育体系应当灵活调整以满足这些新兴行业的需求。这需要学校与企业、社会组织等各方密切合作，共同探讨未来劳动力市场的发展趋势。为了更好地适应社会发展的需要，学校可以建立行业咨询委员会或专业顾问团队。这些团队可以由业内专家、企业高管等组成，负责提供行业发展趋势、技术创新方向等方面的建议。通过与这些专业团队的定期交流，学校可以及时调整教学内容和实践项目，确保培养出的学生具备社会所需的最新技能和知识。

学校还可以鼓励学生参与社会实践和行业研究项目。通过参与实际项目，学生能够更深入地了解社会发展的需要，培养解决实际问题的能力。学校可以与企业合作，提供实践机会，鼓励学生在实际项目中应用所学知识，同时也为企业提供新颖的思路和解决方案。

2.可持续性体现在创新中

实现可持续性体现在持续性更新教学方法。教育体系需要不断寻求创新的教学方法，包括引入新技术、新媒体等，以提高教学的吸引力和实效性。这有助于保持教育过程的新鲜感，激发学生的学习兴趣和积极性。为了持续更新教学方法，学校可以建立专门的教学创新团队。该团队可以由教学专家、科研人员和教育技术专家组成，负责研究和试验新的教学方法。通过定期的研讨会和培训活动，教师可以分享和学习最新的教学理念和方法。同时，学校还可以鼓励教师积极参与教育技术的培训和应用，以更好地整合现代技术与传统教学方法，提高教学效果。

可持续性还体现在劳动教育的目标中。劳动教育需要更加注重培养学生的适应能力，使其能够在未来职业挑战中保持竞争力。这需要将创新教育理念贯穿于整个培养过程，培养学生的创新思维和解决问题的能力。为了培养学生的适应能力，学校可以设计一系列实践项目，注重培养学生的实际操作能力和解决实际问题的能力。例如，通过模拟实训、实地考察、社会实践等方式，让学生亲身体验真实的工作场景，培养他们在面对复杂情境时的应变能力。此外，学校还可以鼓励学生参与创业项目、行业研究等实践活动，培养他们对未来职业发展的深刻理解和适应性。

同时，学校还可以加强与企业的合作，邀请业界专业人士参与课程设计和实践项目的指导，使学生更好地融入职业领域，了解实际工作需求，提高适应能力。

3.长期发展中的稳定性

为保障长期发展中的稳定性，劳动教育体系需要建立长期合作机制。这涉及学校与企业、社会组织之间建立战略性合作伙伴关系，以确保资源的可持续性供应。这样的合作机制有助于形成长期稳定的合作模式，为劳动教育提供坚实的基础。战略性合作伙伴关系的建立不仅仅是一时的合作，更是为了共同的长远目标而进行的战略性协作。学校可以与企业、社会组织共同明确未来的发展方向，规划合作的长期目标，并通过签订战略性合作协议明确各自的责任和义务。这样的合作机制有助于建立互信，形成双赢的局面。

为了保障长期发展，劳动教育体系需要持续培养高素质的师资力量。教师是劳动教育的中坚力量，他们的专业水平和教学理念需要与时俱进。通过不断的专业培训、学术交流以及教育研究，教师能够更好地适应教育领域的发展，提高教学水平，确保劳动教育体系的长期发展中的稳定性。专业培训是教师提高专业水平的有效途径。学校可以组织各类培训活动，涵盖教育理论、新技术、实践经验等多个方面，使教师在专业知识和教育理念上保持前沿。同时，学校还可以鼓励教师积极参与学术交流，参与教育研究项目，不断拓宽自己的教育视野，提高学科水平。

确保长期发展的稳定性需要建立反馈机制与评估体系。通过与学生、企业、社会组织的密切沟通，及时获取各方的反馈信息。建立科学的评估体系，对劳动教育体系的各个方面进行定期评估，发现问题及时进行调整和改进，以确保体系在长期发展中能够保持稳定和健康的状态。建立反馈机制是确保劳动教育体系适应社会变化的重要手段。学校可以通过定期的学生调查、毕业生追踪、企业合作反馈等方式，收集各方对于劳动教育体系的看法和建议。同时，建立评估体系，对师资队伍、课程设置、实践项目等方面进行系统评估，发现问题并及时进行调整，以保持体系的活力和适应性。

第三节　劳动教育生态体系构建面临的挑战和机遇

一、劳动教育生态体系构建面临挑战

（一）学校资源整合的难题

1. 学科知识与实际技能的融合

（1）学科知识的碎片化

学校所拥有的各类学科知识呈现出一种碎片化的状态，这主要源于传统学科划分的模式。在长期的教育实践中，学科体系往往被划分为独立的学科门类，每门学科都有其独立的知识体系和研究范畴。这种划分模式造成了不同学科之间的割裂，学科知识呈现碎片化的状态，学生在学习过程中难以形成全面的知识体系。

学科知识碎片化的情况还受到教育体制的影响。教育体制往往强调对学科知识的细化划分，使得学科之间的关联性不够紧密。教师在传授知识时往往更注重各自学科的内部逻辑，而忽略了不同学科之间的融合和衔接。这导致学生虽然能够获得一定领域的专业知识，但难以将这些知识有机地结合起来，应用于实际的劳动场景。

学科知识碎片化的问题还表现在教材编写和教学设计上。当前教材编写和教学设计往往更注重对各学科知识的系统性呈现，而忽略了知识的跨学科应用。因此，学生容易将所学知识局限于各自学科的范畴，难以形成综合性的思维和能力。

学科知识碎片化还受到社会对于学科分工的认知习惯的制约。传统上，社会更倾向于将不同的职业和行业划分为特定的学科领域，这种认知模式影响了学科知识在实际工作中的交叉应用。在这种认知模式下，学科之间的联系被弱化，难以形成有机的知识网络。

（2）实际技能培养的匮乏

学校教育过于偏向理论知识传授，而对实际技能培养的关注相对滞后。传统的学科设置和教学模式更注重学生对理论知识的掌握，而对于实际技能的培养往往处于次要地位。这导致学生在校期间缺乏足够的实际操作经验，难以将理论知识应用于实际工作场景。学校教育需要更加注重实际技能的培养，使学生具备更强的实践动手能力。

学科知识与实际技能之间的衔接关系不够紧密。学科知识和实际技能往往被划分为两个独立的领域，学生学到的理论知识与实际操作之间存在较大的鸿沟。这表现在学生在学校学到的理论知识难以迅速转化为实际技能的能力，缺乏将理论知识应用于实践的能力。学科知识与实际技能的衔接需要通过更加贴近实际工作场景的教学设计和实践项目，使学生能够更好地将所学知识付诸实践。

实际技能培养受到教师专业水平和教学资源的限制。一些教师可能更加专注于自己学科领域的理论研究，对于实际技能的教学了解不足，难以有效地传授给学生。同时，一些学校可能缺乏足够的实际技能培训资源，无法提供丰富的实践机会。为了改善这一状况，学校需要加强对教师的实际技能培训，并投入更多资源用于建设实训基地，提供更多实际操作的机会。

社会对于实际技能的认可度不足，这也是导致实际技能培养匮乏的原因之一。在一些社会观念中，学历被过分看重，而实际技能的价值相对被低估。这导致学校更加注重学生的理论知识水平，而对于实际技能的培育则投入不足。社会需要更加客观认识实际技能的价值，鼓励学校更注重学生实际操作的能力，为学生提供更多融合理论与实践的机会。

2.有机课程体系的构建

（1）课程规划的断层

学校课程规划中存在的断层可能源于学科之间或课程之间的缺乏衔接。传统的学科设置和课程设计往往过于独立，没有考虑到不同学科之间的内在联系。这导致学生在学习过程中难以将各个学科的知识有机地融合，形成系统性的认知结构。为了解决这一问题，学校需要重新审视课程规划，强化学科之间的内在联系，构建更为有机的课程体系。

　　课程规划中的断层可能与教学资源整合不足有关。学科知识的融合需要有充足的教学资源支持，包括教材、实验设备、实践场地等。如果学校在资源整合方面存在短板，将会影响到课程的质量和完整性。为了解决这一问题，学校需要加强对教学资源的整合与共享，确保各个学科都能够得到充分的支持，从而有助于构建有机的课程体系。

　　断层的存在可能与教师专业知识结构不足有关。教师在课程设计和教学实践中起着关键的作用，如果他们对于学科知识融合的理解不够深刻，很难将各个学科的知识串联起来，形成有机的整体。学校需要通过提升教师的专业水平，鼓励跨学科的合作与交流，促使教师更好地理解各学科之间的关联性，从而为课程规划提供更为有机的基础。

　　学校需要注重课程规划的灵活性和可持续性。由于社会、科技等方面的变革，学科知识也在不断发展变化。因此，学校的课程规划应当具备灵活性，能够随时调整，以适应社会需求和知识更新的要求。此外，课程规划应具备可持续性，能够为学生提供长期的学科融合和实践培养，使其在未来的职业生涯中能够更好地应对复杂多变的挑战。

　　（2）跨学科合作的不足

　　学科之间缺乏有效的协同合作机制可能源于学校的组织结构存在障碍。传统的学科划分和管理模式使得各学科之间形成了相对独立的体系，难以形成紧密的合作关系。为了解决这一问题，学校需要在组织结构上进行调整，建立更加灵活、开放的管理模式，鼓励不同学科之间的交流与合作。

　　学校的教学理念可能需要进行更新，以更好地促进跨学科的合作。传统的教学理念往往偏向于强调单一学科的深度学习，而忽略了不同学科之间的联系。学校需要通过引入跨学科教学理念，强调学科之间的互补性和交叉性，鼓励教师在课堂中展示不同学科知识之间的联系，激发学生的学科综合能力。

　　跨学科合作的不足可能与教师专业素养不足有关。教师在跨学科合作中需要具备广泛的学科知识和较强的综合能力，而传统的专业培养可能未能充分考虑到这一点。学校应当通过提供相关培训和资源支持，帮助教师更好地适应跨学科合作的要求，提升他们的综合素养。

　　学校需要倡导以学生为中心的教学理念，强调培养学生的团队协作精神和综合应用能力。通过设计项目式学习、实践性任务等教学活动，学校可以促使学生在实际劳动中将跨学科知识整合运用，培养其跨学科思维和实际问题解决能力。

（二）社会资源整合的难题

1.社会组织的利益和目标冲突

（1）非营利组织的多样性

非营利组织的多样性是社会资源整合中的一个重要特征。非营利组织的种类繁多，包括慈善机构、社会服务机构、环保组织等，它们的目标和使命各不相同。这种多样性使得社会资源的整合变得更加复杂，因为不同组织可能追求的利益和目标存在差异，甚至可能存在冲突。

协调不同非营利组织的利益是社会资源整合过程中的一项关键挑战。不同组织可能有不同的价值取向、使命宗旨，因此在整合社会资源时，需要在协调各方利益的基础上形成合作共赢的机制。这需要建立有效的沟通机制，促使各组织在资源整合中能够相互理解、尊重彼此的利益，形成合力。

确保合作的顺利进行需要建立健全的组织合作机制。这包括明确组织之间的协作方式、责任分工、权利义务，建立灵活高效的决策机制，以及建立监督和评估机制。通过建立这些机制，可以有效地引导不同组织朝着共同的目标努力，降低协作中的不确定性和风险。

社会资源整合需要政府、企业、非营利组织等多方合作。政府在整合社会资源方面具有引导和协调的责任，需要制定相关政策和法规，提供政策支持，推动各方形成合作共识。同时，企业和非营利组织也需要积极参与，发挥各自的优势，共同推动社会资源的有序整合。

（2）行业协会的差异性

行业协会的差异性表现在其服务对象的多样性。不同行业协会通常代表着不同的行业利益和需求，因此其服务对象也各具特点。例如，某些行业协会可能主要关注企业和从业人员，致力于提供相关行业的技术培训、市场信息和政策咨询；而另一些行业协会可能更关注公众利益，着眼于推动行业的可持续发展、环保倡议和社会责任。在整合行业协会提供的资源时，需要对不同协会服务对象的需求有清晰的认识，以更有针对性地满足各方的需求。

行业协会关注点的差异也是一个需要考虑的因素。不同行业协会在关注行业发展的同时，可能会有不同的重点和优先事项。有些协会可能更关注技术创新和产业升级，而另一些协会可能更注重行业规范和职业道德。在整合这些协会的资源时，需要综合考虑各协会的关注点，以形成一个更全面、平衡的劳动教育体系。

行业协会的组织结构和运作模式也可能存在一定的差异。一些协会可能较为官方化，与政府机构有着紧密的联系，其活动和服务受到一定的行业监管；而其他协会可能更为独立，更注重会员之间的自主合作。在整合这些协会的资源时，需要考虑其组织结构和运作模式的不同，以确保协会间的合作能够顺利进行。

行业协会在国际化程度上也可能存在差异。一些行业协会可能在国际市场上有较强的竞争力，其资源和服务可能更具有国际化的特点；而其他协会可能更专注于国内市场。在整合这些协会的资源时，需要考虑其国际化程度，以更好地满足全球化时代劳动教育的需求。

2. 合作机制的建立

（1）信息沟通的不畅

信息沟通的不畅在社会资源整合中可能导致信息不对称，增加了资源整合的难度。在社会资源整合的过程中，涉及的各方可能处于不同的地理位置、组织结构、文化背景等多样性因素，这些因素可能影响到信息的流通和传递。如果信息沟通不畅，某些重要的资源可能被忽视，甚至导致一些决策的失误。因此，建立高效的信息沟通机制，通过各种手段（如会议、报告、在线平台等）确保信息的及时传递和全面共享，是社会资源整合中需要优先解决的问题。

信息沟通不畅可能导致资源整合中存在信息孤岛的情况。不同组织、机构、行业可能拥有丰富的资源，但由于信息流通不畅，这些资源可能无法得到充分整合和利用。为了解决这个问题，可以建立跨组织、跨行业的信息共享平台，促进资源信息的流通和交流。这样一来，各方可以更加清晰地了解其他组织的资源状况，有助于更好地进行资源整合。

信息沟通不畅可能导致各方对整合目标和计划的理解存在偏差。在社会资源整合中，各方可能有不同的期望和目标，如果信息传递存在偏差，可能导致整合计划的实施出现问题。因此，建立明确的沟通渠道，确保各方对整合目标和计划有清晰一致的认识，可以有效提高整合的效率和成功率。

信息沟通不畅可能影响到各方的积极性和参与度。如果参与社会资源整合的各方对整体计划了解不足，对整合的价值和意义缺乏认同，可能导致他们的积极性不高，甚至抱有抵触情绪。因此，通过建立定期的沟通机制，及时反馈整合进展情况，解答各方疑虑，可以提高各方的参与度和合作度，推动社会资源整合的顺利进行。

（2）利益共享的机制设计

合理的利益共享机制应当充分考虑各方的贡献和风险。在社会资源整合中，不同组织或个体可能会投入不同的资源，包括但不限于资金、技术、人才等。因此，一个合理的利益共享机制应当根据各方的实际贡献量来确定其分享的利益比例。这可以通过设立明确的贡献评估标准和机制，确保每个参与方都能够在整合中获得公平的回报。

考虑到整合过程中可能存在的风险和不确定性，利益共享机制应当具有一定的灵活性。灵活的机制可以在整合过程中根据实际情况进行调整，以应对不同的挑战和变化。例如，可以设立风险共担的机制，各方在整合中面临的风险由所有参与方共同分担，从而激励各方更加谨慎地参与整合活动。

建立长期稳定的合作伙伴关系是设计利益共享机制的重要考虑因素。社会资源整合通常是一个长期的过程，而不是一时的合作。因此，合理的利益共享机制应当能够促使各方建立起长期稳定的合作伙伴关系。这可以通过在合同中设立长期的合作框架、考虑长期目标和战略利益等方式来实现。

透明公正的利益分配机制是确保整个社会资源整合过程顺利进行的重要保障。透明的机制可以降低信息不对称，建立各方的信任。公正的机制可以确保各方都能够在整合中享有公平的权益，从而增强各方的合作意愿。这可以通过设立独立的第三方评估机构、建立透明的决策流程等方式来实现。

（三）企业资源整合的难题

1. 时间和经济限制

（1）企业日常运营的压力

企业日常运营的时间和经济压力是资源整合的首要考虑因素。在资源整合中，企业需要投入时间和经济成本来支持学校的需求，但企业本身也有日常运营的紧迫性。因此，为了解决这一问题，可以考虑通过建立更加灵活的合作机制，允许企业在整合中有更多的时间安排的弹性，以及采取一定的激励措施，如提供适度的经济支持或长期战略合作，以缓解企业的时间和经济压力。

资源整合的过程中，企业和学校的合作需要建立在互利共赢的基础上。因此，为了减轻企业日常运营的压力，学校可以通过深入了解企业的需求，量身定制资源整合方案，使得合作更加符合企业的长期发展战略。在这个过程中，学校可以为企业提供个性化的支持，包括但不限于人才培养、科研合作、技术支持等方面，从而真正实现合作共赢。

建立长期战略伙伴关系是解决企业日常运营压力的有效途径。通过与企业建立长期战略伙伴关系，学校可以更好地理解企业的业务模式、发展规划，有针对性地提供支持。同时，企业也能够更好地融入学校的资源体系，形成一种稳定、可持续的合作关系，减轻了企业因不断寻找合作伙伴而面临的压力。

为了更好地支持企业，学校可以考虑建立专业的支持团队，负责与企业对接、了解其需求，并提供相应的解决方案。这样的团队可以更加专业地协助企业解决实际问题，提高合作的效率和质量。此外，学校还可以通过提供相关培训和咨询服务，帮助企业提升内部管理水平，从而减轻企业日常运营的负担。

（2）资源投入与回报的平衡

实现资源投入与回报的平衡需要建立清晰的合作目标和共同利益。在资源整合的初期阶段，企业和学校应共同明确合作的目标，并在合作协议中详细规定各方的权责利益，确保合作是基于共赢的前提。通过制定明确的合作目标，可以避免资源投入过多而回报不明显的情况，从而实现资源投入与回报的平衡。

建立有效的绩效评估机制是确保资源投入与回报平衡的重要手段。企业和学校可以共同设计合适的绩效评估体系，对合作项目进行定期、科学的评估。通过绩效评估，可以客观地衡量合作的效果，及时调整资源配置，确保投入得到相应的回报。这也有助于建立透明的合作关系，增加信任度，推动长期合作的发展。

建立灵活的合作机制是实现资源平衡的关键。企业和学校可以在合作协议中明确合作的阶段性目标，通过不同阶段的绩效评估来决定是否继续投入资源。这样的灵活机制可以在合作过程中根据实际情况进行调整，确保资源的有效利用，并使合作关系更具可持续性。

双方建立诚信、互惠互利的合作文化也是保持资源平衡的重要因素。通过建立互信，企业和学校可以更好地沟通，解决合作中的问题，避免出现资源投入与回报不匹配的情况。同时，共享合作成果，使得双方都能够在合作中获得实际的回报，从而推动长期合作的深入发展。

2.实际工作场景的整合

（1）企业经验与学科知识的结合

企业拥有丰富的实际工作场景和经验，但如何将这些经验与学科知识有机结合，成为劳动教育的一部分，是一个亟待解决的问题。此问题需要建立双向沟通机制，以确保企业经验能够贴切地融入学科知识的教学过程中，使学生更好地理解和应用所学。

（2）企业的时间与学校教学安排的匹配

企业的日常运营可能受到时间限制，学校的教学安排也有其固有的节奏。将两者有效匹配，确保学生在实际工作中获得足够时间和机会，是整合企业资源时需要解决的实际问题。

（四）技术与实践的结合的难题

1.新技术引入的难题

（1）技术更新的速度

新技术的引入面临一个挑战，即技术的更新速度较快，而学科教学体系相对较为稳定。如何确保学科教学内容能够及时跟上最新技术的发展，保持与产业实践的同步，是一个亟待解决的问题。这可能需要建立灵活的教学内容更新机制，引入更具前瞻性的课程，以适应技术飞速发展的现实。

（2）师资队伍的技术水平

教师作为知识的传授者，其技术水平直接关系到新技术的引入和教学效果。然而，现实中存在教师技术水平参差不齐的情况。部分教师可能缺乏对新技术的深入了解，导致无法将其有机地融入教学中。因此，提升教师的技术水平，通过培训等方式加强其对新技术的认知和应用能力，是解决新技术引入难题的关键。

（3）设备和资源的更新成本

新技术通常需要相应的设备和资源支持，而这涉及经济成本。学校在引入新技术时，需要投入更多的经费用于设备更新和资源采购。如何在保障质量的前提下降低这方面的成本，使技术引入更具可行性，是需要深入研究的问题。

2. 实践与理论的结合

（1）实践经验与学科知识的融合

企业实践经验注重实际操作，而学科知识更强调理论体系的构建。将这两者有机融合，确保学生既能理解学科知识的基本原理，又能熟练运用于实际操作，是一个复杂的教学难题。可能需要设计更加贴切实际的教学案例，引导学生通过实际问题应用所学的理论知识。

（2）实践教学的场地和资源问题

实践教学需要一定的场地和资源支持，而这在现实中可能会受到限制。学校如何在有限的条件下确保实践教学的有效性，提高学生的实际操作能力，是需要深入思考和改进的方向。可能需要通过与企业的深度合作，充分利用外部实践资源，拓宽学生的实践渠道。

（3）实践与理论比重的平衡

企业实践更注重具体操作，而学科理论课程更注重知识传授。如何平衡这两者的比重，使学生既能够深入理解学科理论，又能够获得足够的实际操作经验，是需要在教学设计中精心权衡的问题。可能需要通过课程设置和教学方法的创新，实现理论与实践的有机结合。

（五）理论与实践融合的挑战

1. 课程设计的挑战

（1）理论与实践内容平衡

在课程设计中，理论与实践的内容平衡是一个亟待解决的挑战。如何既保证学生理解理论知识的深度，又能够进行足够的实际操作，需要通过灵活的教学方法和创新的课程设计来实现。可能需要结合具体专业特点，精心安排课程体系，确保理论与实践相辅相成。

（2）实际操作的场景模拟

课程设计中，如何创造一个贴切实际的操作场景，使学生在模拟中能够更好地理解和应用理论知识，是一个重要的挑战。这可能需要引入虚拟现实、实验室设备等现代化手段，提高实际操作的仿真度，增强学生的实践体验。

（3）跨学科融合

生态体系构建中，不同学科的理论和实践如何融合，是课程设计中的难点。可能需要开展跨学科的合作，设计集成课程，使得不同学科的知识可以在一个实际问题中得到综合应用，促使学生形成全局性的思维。

2.教师培训与素质

（1）培训课程的设计

教师在理论与实践融合中的角色至关重要。当前教育体系中，缺乏理论与实践相结合的培训课程。设计符合现代教育理念的培训课程，使教师能够更好地理解和应用新的理论和教学方法，是一个迫切需要解决的问题。

（2）教师团队建设

理论与实践融合需要教师具备跨学科的知识结构和实践经验。建设具有多学科背景的教师团队，促进教师之间的合作与交流，提高整体素质，是教师培训中的一个挑战。可能需要通过组织跨学科的研讨会、培训班等方式，促进教师的学科交叉合作。

（3）实际案例分析

教师在培训中需要有更多实际案例的分享，特别是那些成功融合理论与实践的经验。这有助于教师更具体地理解如何在自己的教学中实现理论与实践的有机结合。培训中可能需要邀请有经验的教师进行分享，激发其他教师的教学创新灵感。

3.实践环节的设计

（1）资源保障与合理利用

实践环节设计中，资源问题是一个挑战。如何保障实践环节所需的场地、设备和材料，并合理利用这些资源，需要学校与企业等外部合作伙伴深度协同。可能需要建立资源共享机制，充分发挥外部资源的作用，以解决实践环节中可能存在的资源短缺问题。

（2）安全与规范

实践环节涉及学生的实际操作，安全问题必须放在首位。设计实践环节时，需要考虑到各种潜在的安全风险，并建立完善的安全规范。与企业的合作中，也需要确保企业的实际操作符合安全标准，以保障学生的人身安全。

（3）实际操作与综合评价

实践环节不仅仅是学生实际操作的过程，还需要通过综合评价来检验学生是否真正理解并能够熟练应用理论知识。设计科学、全面的评价体系，使实践环节不仅是操作的过程，更是学习成果的展现，是实践环节设计中的关键挑战。可能需要探索多元化的评价方法，结合考试、项目评价、在实践环节设计中，这三个方面的挑战都需要通过学校与企业、社会等多方面的紧密合作来解决。只有形成一个高效协同的机制，整合各方资源，才能克服实践环节设计中的诸多困难。

二、劳动教育生态体系构建可能机遇

（一）技术手段支持

1.模拟场景的真实性提升

学生通过虚拟环境进行实践操作时，可以感受到更加真实的工作场景，从而提高实际操作的体验感。

（1）提升模拟场景的真实性

通过虚拟环境进行实践操作，学生能够更加真实地感受工作场景，从而提高实际操作的体验感。虚拟现实技术的运用可以模拟各种真实情境，使学生在虚拟环境中面对真实的问题和挑战，增强其应对复杂情况的能力。例如，在建筑工程的虚拟建筑工地中，学生可以体验施工现场的真实氛围，感受到项目管理中的各种实际问题，从而更好地理解和掌握实际操作的要领。

在工程类专业中，虚拟建筑工地的运用不仅可以用于安全操作演练，还可以进行项目管理等方面的实际技能培养。学生可以在虚拟环境中进行实际操控，应对各种工程挑战，通过模拟真实场景的方式，提高实际操作的实践感。这种方式不仅节省了资金成本，还能够让学生更加深入地了解和体验工程项目的复杂性。

（2）跨领域模拟

在医学专业中，虚拟现实技术可以应用于虚拟手术室的模拟。通过这一技术，学生可以在虚拟环境中进行实际手术的模拟操作，提高其实际操作技能。这种虚拟手术室不仅可以模拟各种手术场景，还可以展示不同病例下的实际操作步骤，为学生提供更为全面和真实的实践体验。这有助于医学专业学生更好地准备面对真实手术时的挑战。

通过提升模拟场景的真实性，虚拟现实技术能够为不同专业的学生提供更为真实、深入的实践体验，使其能够更好地适应未来职业中的各种挑战。这种创新的教学手段有望加强学生对实际操作的理解和掌握，促进劳动教育的质量提升。

2.远程实践的推广

利用远程实践的先进技术手段，学校能够与企业、实训基地等更为紧密的合作，推动劳动教育的全面发展。通过视频会议、在线协作平台等技术工具，学生可以实时参与真实项目，解决实际问题，并与企业专业人士在线互动。这种全面应用技术手段的方式有望打破时空限制，让学生在远程的情境下获得更为实际的操作经验。

（1）项目实践的全球合作

远程实践为学生提供了参与全球项目的机会，通过远程技术与国际团队协作。学生能够参与来自全球的实际项目，了解不同文化背景下的工作方式，提高其在全球化背景下的实际操作水平。这种全球合作的实践经验不仅拓宽了学生的视野，也培养了他们在跨文化环境中协作的能力，为未来的职业发展奠定基础。

（2）在线导师支持

学生在远程实践中遇到问题时，可以随时与企业专业人士进行在线交流，获取实时的指导与反馈。在线导师支持使学生能够及时解决实践中的困难，提高实际操作的效果。这种互联网时代的在线支持机制有助于学生更好地理解和应用所学知识，使实践经验更富有深度和广度。

通过推广远程实践，学校不仅能够充分整合社会资源，还能够提供更为丰富和广泛的实践机会，进一步提升劳动教育的质量和实效性。这一创新实践模式有望加强学校与社会、企业的合作，推动劳动教育走向更加开放和国际化。

3.在线资源共享平台的建设

建立在线资源共享平台可以促使学校、企业和社会等各方资源更好地互通有无。

（1）全面整合多方资源

在线资源共享平台的建设有助于学校、企业和社会等各方资源的全面整合。通过平台，不同实体可以更好地互通有无，实现资源的高效利用。这样的整合将打破传统的信息壁垒，使各方在教育资源上更为紧密合作，为劳动教育提供更加全面的支持。

（2）实践案例共享

在共享平台上，学校能够获取到更多的实践案例，使教学内容更贴近实际工作场景。这有助于提升教学的实用性，让学生能够通过实际案例更深刻地理解和应用所学知识。实践案例的共享还有助于建立更为丰富的教学资源库，为劳动教育的不断创新提供基础。

（3）教学资源互通

在线资源共享平台促进了各方的教学资源互通。企业可以分享最新的行业发展趋势、技术更新，为学校提供实时的行业信息。同时，学校可以将先进的教学方法、理念分享给企业，促使企业更好地了解并适应新的教育理念。这种资源的双向互通有助于保持教育与行业的紧密联系，使劳动教育更具前瞻性和实践性。

技术手段的支持为劳动教育生态体系的构建提供了新的机遇。虚拟现实技术、远程实践和在线资源共享平台的应用可以有效拓展劳动教育的边界，提升学生的实践操作水平，并促进各方资源的更好整合。这不仅使劳动教育更具吸引力，也为学生提供了更广泛的实践机会。

（二）社会认可度提升

1.职业技能需求的增加

（1）现代社会对高技能人才需求的增加

随着科技的飞速发展和产业结构的不断优化，现代社会对高素质、高技能人才的需求呈现出前所未有的增长态势。传统的学科知识已不能完全满足职场对人才的要求，因此，职业技能成为人才市场上的一项新的重要竞争力。劳动教育生态体系通过注重实际操作技能的培养，迎合了社会对新时代人才的期待，使得劳动教育逐渐从辅助性的地位上升至关键性的层面。

在企业招聘中，过去对于学历的强调逐渐被对实际操作技能的要求所替代。企业更加关注应届毕业生是否具备与工作相关的实际技能，这使得劳动教育的作用凸显。劳动教育生态体系强调将学科知识与实际技能有效整合，使学生不仅具备理论素养，还能够在职场中灵活应对各种实际挑战。

（2）企业对综合素质和实际技能的双重培养期望

企业对于综合素质的要求并非与实际技能相互排斥，而是相辅相成的关系。在现代企业中，除了专业知识，实际技能也成为评价一个员工是否全面的重要标准。劳动教育生态体系通过融合理论与实践，培养学生的实际操作技能，从而实现了对综合素质的全面培养。随着职场竞争的日益激烈，企业更加青睐那些不仅具备学科知识，而且能够熟练运用实际技能的人才。劳动教育生态体系的建设使得学生在毕业后更容易适应工作要求，具备更强的职场竞争力。这种对实际技能的培养期望与企业对人才的需求趋于一致，为劳动教育的发展提供了社会支持。

在当前社会对高素质、高技能人才的迫切需求下，劳动教育生态体系的建设得到了充分的社会认可。其注重实际操作技能的培养与社会需求相契合，将劳动教育提升到更为重要的战略高度，为学生的全面发展和职业成功奠定了坚实基础。

2.政策支持的提升

（1）政策层面的资金支持

随着国家对劳动教育的认可度提升，政府可能会设立专项经费用于支持高校劳动教育的建设。这一专项经费的增加将直接用于实践基地建设、教师培训、先进设备引进等方面，提高学校劳动教育的整体水平。政府可能通过出台奖励政策，对在劳动教育领域取得显著成就的高校、教师和学生进行奖励。这种奖励政策旨在激发学校和相关从业者的积极性，推动劳动教育的创新与提升。

（2）政策引导的创新机制

国家可能会建立科学的评估与考核机制，对高校劳动教育的质量进行定期评估。评估结果将直接关系到高校的获得经费的多寡，形成政策引导的激励机制，推动学校更加注重劳动教育的实际效果。政府可能会通过明确的政策方向，鼓励学校在特定领域开展劳动教育。例如，针对新兴行业的人才培养，政府可能提供更多的支持，引导学校在这一领域取得突破，形成政策倾斜的导向。

（3）职业教育法规的完善

国家可能会加大对职业教育法规的制定与完善，为高校劳动教育提供更为清晰的法规框架。法规的建设将有助于规范和引导高校劳动教育的健康发展，为其提供更为有力的法治支持。政府可能通过发布一系列政策文件，明确高校劳动教育的方向、目标和发展路径。这些文件将成为高校劳动教育的发展指南，为学校提供政策依据和方向，使得劳动教育生态体系的建设更有针对性。

（4）与产业对接的政策支持

政府可能通过加强与产业的对接，深入了解不同领域的用人需求和技能要求。这有助于政府更有针对性地出台劳动教育政策，使之更贴合实际产业需求。国家可能会通过政策鼓励高校与企业展开深度的产学研合作，将学术研究与实际应用相结合。这种合作有望提高劳动教育的实用性，为学生提供更具有竞争力的实际操作技能。

在这一政策支持的背景下，高校劳动教育生态体系将能够更加充分地发挥作用，为学生提供更为全面、实用的职业技能培养。政策的引导将使得高校更加注重劳动教育的建设，为其发展创造有利的政策环境。

3.社会企业参与度的提高

（1）深度合作机制的建立

通过建立实践基地共建机制，高校与社会企业可以共同投入资源，搭建更为完善的实践基地。社会企业可以提供实际工作场景，为学生提供真实的操作体验，同时学校也可以通过实际案例指导企业实践，形成互惠共赢的局面。高校与社会企业可以共同设计人才培养方案，明确实践环节的设置和内容。这种深度合作有助于使培养的人才更符合社会企业的用人需求，提高学生实际技能的匹配度。

（2）实践导师制度的建立

学校可以通过建立实践导师制度，聘请社会企业的专业人士作为学生的实践导师。这样的导师既能传授实际操作技能，又能分享企业经验，为学生提供更全面的指导。设计导师的激励机制，如给予专业人士一定的荣誉、奖励或培训机会，以激发他们更积极地参与学生的实践指导工作。这将有助于建立起持续而稳定的实践导师队伍。

（3）实践成果共享机制

鼓励社会企业分享其在实践中的成功案例，为学校提供更多的实践参考。这种共享机制可以让学生更好地了解实际操作，同时也促进了实践成果的传播与应用。学校可以通过各类展览、研讨会等方式，展示学生在实践中取得的成果。这不仅提高了学校的知名度，也为社会企业了解学校的实践教育水平提供了更直观的途径。

（4）产学研合作的深入推进

高校与社会企业可以共同申报研究项目，通过科研合作推动理论与实践的更深度结合。这种合作有助于将实际问题引入学术研究，提高研究成果的实用性。促使高校与社会企业共同参与技术创新的探讨，使得先进的技术能够更快速地应用于实践。这种合作有望加速技术创新在行业中的传播与推广。

通过建立这样的深度合作机制，高校与社会企业可以在多个层面实现更为紧密的结合，推动劳动教育生态体系的不断完善。这将有助于培养更具实际能力的人才，促进产学研用的深度融合。

第五章　高职院校劳动教育生态体系构建的指导思想与原则

第一节　劳动教育生态体系构建的指导思想

一、综合性思想的引领

（一）综合性思想的引领

1. 打破学科壁垒

在新时代高职院校劳动教育生态体系的构建中，综合性思想被确立为引领思想，首要任务是打破传统学科的壁垒。这需要通过以下途径实现：

（1）跨学科融合课程设计

推动课程设置的跨学科融合，消除不同学科之间的人为隔阂。例如，通过开设综合性实践课程，将工程学科的理论知识与管理学科的实际技能相结合，培养学生的全面素质。

（2）多元思维培养

强调多元思维的培养，鼓励学生在学习过程中不仅关注本专业领域，还涉足其他相关学科。这种全面地思维方式有助于学生更好地理解问题、解决问题。

2. 整合理论与实践

在综合性思想的引领下，劳动教育的理论与实践必须有机地整合在一起，确保学生既能理解理论知识，又能灵活运用于实际操作中。

（1）实践导向的课程设计

强调实践导向的课程设计，确保每一门理论课程都有相应的实际操作环节。例如，在工程管理课中，通过实地考察和模拟项目管理，将理论知识贯穿于实际操作，使学生能够更深刻地理解所学概念。

（2）项目式学习

采用项目式学习方法，通过学生参与真实项目，将所学理论知识付诸实践。这种方法不仅加深了学生对理论的理解，还培养了解决实际问题的实践能力。

（二）创新驱动的理念

1.创新思维的培养

创新驱动的理念要求劳动教育生态体系构建过程中注重培养学生的创新思维。

（1）创新教育课程设置

引入创新教育相关课程，教授创新思维的方法和技能。例如，设计"创新实验室"等实践型课程，让学生在实际操作中培养创新精神。

（2）激发学生的好奇心

通过设计能够激发学生好奇心的问题和案例，引导学生进行独立思考和探究。这有助于培养学生主动学习、勇于挑战的品质。

2.实践能力的培养

创新驱动的理念还要求劳动教育生态体系在培养学生实践能力方面付出更多努力。

（1）实际问题解决项目

设计实际问题解决项目，让学生在真实场景中运用所学知识，培养他们解决实际问题的实践能力。例如，在建筑工程管理课程中，组织学生规划和管理一个真实的建筑项目。

（2）实习与实训机会

积极开发与企业的合作关系，提供更多实习与实训机会。这样的实践机会可以帮助学生更好地理解实际工作中的挑战，提高他们的实际操作水平。

（三）社会参与的开放性思路

1.多方协同参与

在综合性思想的引领下，社会参与的开放性思路要求多方协同参与，形成学校、企业、社会等多方合作的局面。

（1）建立产学研合作机制

设立产学研合作机制，促进学校、企业和科研机构之间的深度合作。例如，学校可以与建筑公司合作，共同研究新型建筑技术，为学生提供实践机会。

（2）社会导师制度

引入社会导师，即来自企业和行业的专业人士，为学生提供实际经验和指导。这有助于学生更好地了解职业发展方向，使教育更加贴近实际需求。

2.社会资源的吸纳

开放性思路鼓励吸纳社会资源，使得劳动教育能够更好地服务社会。

（1）社会资源共享平台

建立社会资源共享平台，让学校、企业和社会组织能够更便捷地共享资源。这样的平台可以包括实践案例、专业培训资源等，提高劳动教育的实用性。

（2）社会评估机制

建立社会评估机制，通过获取社会的反馈信息，及时调整教学内容和方法，确保劳动教育与社会需求保持一致。

二、创新驱动的理念

（一）创新思维的培养

创新驱动的理念强调培养学生的创新思维，以提高其解决问题的能力。在劳动教育生态体系构建中，可通过以下手段实现：

1.开设创新教育课程

高职院校劳动教育生态体系构建的指导思想之一是通过开设创新教育课程培养学生的创新思维。

（1）跨学科创新课程设计

学校可以制定跨学科的创新教育课程，突破传统学科界限，将不同领域的知识与实践融合。例如，结合工程学和商业管理，设计培养学生项目管理和创业精神的课程，激发创新思维。

（2）理论与实践相结合

创新教育课程应注重理论与实践的结合，通过案例分析和实际操作，使学生在掌握理论知识的同时能够灵活运用于实际问题解决，培养他们从实践中产生创新的能力。

2.组织创新实践项目

劳动教育生态体系构建需要通过创新实践项目激发学生的实际创新能力。

（1）项目设计的多样性

组织各类创新实践项目，覆盖多个领域，涵盖工程、科技、文化等多个方向。这样的项目设置可以激发学生多方面的创新思维，培养跨领域的实际操作能力。

（2）跨学科协同合作

创新实践项目可以设计成跨学科协同合作的形式，使不同专业的学生在项目中相互合作，互补各自的专业知识，达到全面培养创新思维的目的。

3.教师引导与激励

劳动教育生态体系构建中，教师的引导与激励是培养学生创新思维不可或缺的环节。

（1）引导独立思考

教师在课堂上应引导学生独立思考问题，鼓励他们提出自己的见解和解决方案。通过主动思考问题，学生能够培养独立思考和判断的能力。

（2）勇于尝试的鼓励

教师要鼓励学生勇于尝试新的想法和方法，不怕失败。通过克服失败，学生将更容易接受并适应面对未知挑战的能力，从而培养创新思维。

（二）实践能力的培养

创新驱动的理念要求学生不仅具备创新思维，还需要在实际操作中能够付诸实践。为培养学生的实践能力，可采取以下措施：

1.注重实际案例的引入

高职院校劳动教育生态体系构建中，为培养学生的实践能力，引入实际案例是一项关键措施。

（1）案例教学的设计

通过设计相关实际案例，劳动教育可以使学生更好地理解和应用理论知识。案例教学有助于将抽象的理论知识转化为实际问题的解决方案，提高学生的实际应用能力。

（2）行业实践案例分析

结合各行业的实际案例，例如工程项目管理、创业成功案例等，让学生通过案例分析，了解实际工作场景中的问题和应对方法，培养解决实际问题的实践能力。

2.实际操作技能的锻炼

为了确保学生具备创新的实际操作技能，劳动教育需要更加注重实际操作的培训。

（1）工程类专业实践培训

在工程类专业中，可以设置实际的工程项目，让学生亲自动手参与设计、建设等实际操作，提高其实际操作技能。这种形式的培训有助于学生更好地将理论知识转化为实际工作能力。

（2）实验室实践课程

设立实验室实践课程，为学生提供实际操作的机会。通过在实验室中进行各种实践操作，学生能够熟悉并掌握实际操作的技能，为未来的工作做好充分准备。

3.项目化学习

采用项目化学习方式是培养学生实践能力的有效途径，将学生融入真实项目中，使其从实际操作中学到解决问题的方法。

（1）跨学科项目设计

通过设计跨学科的项目，学生可以在项目中接触到不同学科领域的知识和实际技能，促使他们全面发展，培养出更为综合的实践能力。

（2）实际问题解决项目

项目化学习注重学生在实际问题上的解决能力。设计与实际问题相关的项目，让学生通过实际操作提出解决方案，培养他们的实际操作技能。

通过以上方法，劳动教育生态体系将更好地促进学生创新思维的培养，并使其在未来职业发展中具备创新的实际操作技能。

三、社会参与的开放性思路

（一）多方协同参与

在构建新时代高职院校劳动教育生态体系时，社会参与的开放性思路强调学校、企业、社会等多方的协同参与。

1.建立产学研协同机制

高职院校劳动教育生态体系构建的开放性思路强调与企业、研究机构的协同参与，通过建立产学研协同机制，实现劳动教育与产业需求的有机结合。

（1）实习基地的建设

学校可与企业建立实习基地，提供学生实践操作的场所。这样的基地可以模拟真实的工作环境，让学生更好地适应未来职业发展所需的技能。

（2）联合实验室的共建

通过与研究机构建立联合实验室，学校能够与科研成果更紧密地结合，将最新的科技成果融入劳动教育中。这种协同机制不仅有助于提升学校的教学水平，还能够培养学生的创新能力。

2.深度合作与社会组织

劳动教育生态体系构建需要深度合作，不仅仅是企业，还包括社会组织、非营利机构等多方的参与。

（1）社会服务项目的合作

学校可以与社会组织合作开展社会服务项目，让学生参与到解决实际社会问题的过程中。这种合作方式既能够提高学生的实际操作能力，同时也为社会做出积极贡献。

（2）公益活动的组织

积极组织学生参与公益活动，可以培养学生的社会责任感和团队协作精神。与社会组织的深度合作，使学生更好地了解社会的多元需求，提升他们的综合素质。

通过建立产学研协同机制和深度合作与社会组织，劳动教育生态体系得以更好地融入实际社会，为学生提供更广泛的实践机会，培养出更具实际操作能力和社会责任感的高素质劳动者。

（二）社会资源的吸纳

开放性思路鼓励吸纳社会资源，使得劳动教育更好地服务社会。

1.建设社会资源共享平台

开放性思路倡导通过建设社会资源共享平台，实现学校、企业、社会等多方资源的有机整合，以提高劳动教育的服务水平。

（1）平台功能设定

建设社会资源共享平台的首要任务是明确平台功能，确保它能够涵盖实践案例、先进技术、行业动态等多维度信息。通过这个平台，各方可以共享资源，形成良性互动。

（2）实践案例的共享

在平台上，学校可以分享本校成功的实践案例，企业可以提供实际项目的案例，社会组织也可以分享社会服务的案例。这样的共享能够让劳动教育更贴近实际工作场景，使学生更好地理解和应用知识。

2.企业参与学科建设

为鼓励企业更深度的参与劳动教育，学科建设是一个重要方向，通过与企业合作共同制定相关课程和职业标准。

（1）共建实用课程

学校可以与企业联合开发实用性强、符合市场需求的课程。通过共建实用课程，学生能够获得更直接、实用的知识，提高他们的实际操作水平。

（2）职业标准的制定

与企业共同制定职业标准，有助于确保学生毕业后具备符合行业需求的职业素养。企业的参与能够保证标准的实用性和前瞻性，使学校培养的学生更好地适应职业发展。

通过这样的社会资源吸纳方式，学校能够更好地服务社会，提升劳动教育的实际效果，为学生提供更丰富的学习资源和更贴近实际的职业发展路径。

四、可持续发展的长远眼光

（一）长期平衡与协调

可持续发展的长远眼光要求劳动教育生态体系构建注重系统的平衡和协调。这一原则涉及多个方面的长期规划，确保劳动教育体系在发展中不仅满足当前需求，还能够适应未来的挑战。

1.课程设置的长期规划

（1）行业需求分析

高职院校在构建劳动教育生态体系时，首要任务是进行课程设置的长期规划。学校需要通过深入的行业需求分析，了解不同领域的发展趋势。这可以通过与行业专业人士的深度合作、召开专业研讨会等方式实现。

（2）前瞻性课程设计

基于对行业需求的深刻理解，学校应形成前瞻性的课程设计。这包括引入新兴技术、强化实际操作能力的培养，以及注重跨学科知识的融合。这样的长期规划能够确保培养的学生具备未来职业所需的多方面技能和素养。

2.实践基地的长期规划

（1）可持续性合作机制

实践基地的选择和管理需要建立可持续的合作机制。合作关系应该是长期的，而不是仅仅为了学生的短期实践服务。学校可以与企业签署长期合作协议，确保企业参与劳动教育的过程中能够实现双赢，同时保证实训基地的质量和实用性。

（2）根据产业升级调整实践内容

随着产业的不断升级，实训基地的实际需求也在发生变化。学校需要保持与实践基地的密切联系，根据产业的发展动态调整实践内容。这有助于确保学生接触到最新的实际工作场景，提高他们在实践中的适应能力。

（二）持续优化与调整

可持续发展的长远眼光还要求劳动教育生态体系能够持续优化。这意味着在不断地改进中适应社会需求的变化，确保教育体系始终保持活力和适应性。

1.建立有效的反馈机制

（1）多元化反馈来源

为了实现劳动教育生态体系的持续优化，学校应该建立多元化的反馈机制，以获取全面而准确的信息。这包括对学生、企业和社会的意见和反馈信息进行系统收集。可以通过定期的调查问卷、座谈会、企业联络会等形式，与不同参与方建立有效的沟通途径。

（2）及时响应与改进

收集到的反馈信息应该及时响应，并转化为实际改进的行动。学校可以设立专门的反馈处理团队，对收到的信息进行认真分析，并与相关部门合作，调整不合理的课程设置、改进教学方法等。这样地反馈机制有助于实现动态的教育体系管理，适应社会变化。

2.灵活调整教学方法

（1）关注科技与创新

在持续优化的过程中，学校需要关注科技的发展并灵活调整教学方法。引入新的教学技术和工具，例如虚拟现实、在线教学平台等，以提高教学效果。这也包括培训教师使用新技术，确保他们能够适应不断变化的教学环境。

（2）跨学科融合

为适应社会需求的变化，学校还应促进不同学科之间的跨学科融合。通过打破学科的界限，将不同领域的知识与实际技能进行整合，以培养更具综合素质的学生。这种融合有助于提高学生的综合能力，更好地适应未来职业发展的需求。

第二节　劳动教育生态体系构建的原则与要求

一、全员参与的原则

（一）学校管理层的参与

1.领导层的引领

（1）明确劳动教育的战略地位

学校管理层在劳动教育生态体系的构建中扮演关键角色，首先需要明确劳动教育在学校整体发展中的战略地位。领导层应制定明确的发展规划，将劳动教育纳入学校整体发展战略，确保其在教育体系中的地位得到充分重视。

（2）提供明确的方向

领导层要为劳动教育的发展提供明确的方向。通过与教育专家、企业代表的深入沟通，明确劳动教育的目标与任务。领导层的引领作用将有助于形成系统的发展路径，使劳动教育逐步与学校整体目标相契合。

（3）政策支持和资源调配

为了推动劳动教育生态体系的建设，领导层应积极提供政策支持和资源调配。通过制定相关政策，为劳动教育提供法律保障和政策激励。同时，合理调配财政、人才和其他资源，确保劳动教育得到充足的支持。

2.资源整合与管理

（1）充分整合学校内外资源

领导层需要负责整合学校内外资源，确保劳动教育能够得到充分的支持。这包括在财政上对劳动教育进行专项拨款，整合外部专业人才，建立校企合作平台等。通过整合资源，助力劳动教育生态体系的全面建设。

（2）建立健全的管理机制

为了确保资源的合理分配和有效利用，领导层需要建立健全的管理机制。这包括建设科学的财务管理体系，设立专门的劳动教育管理团队，建立信息沟通平台等。通过健全的管理机制，保障劳动教育生态体系的有序运行。

在领导层的引领下，学校管理层的积极参与将为劳动教育生态体系的构建提供坚实的支持和有效的保障。这一过程需要领导层具备前瞻性的眼光，以及对劳动教育的深刻理解，从而为学生提供更具实用性和前瞻性的劳动教育体验。

（二）教师团队的参与

1.跨学科协同

（1）打破学科壁垒

劳动教育的成功离不开教师团队采用跨学科的协同方式。为实现理论与实践的紧密结合，教师应该打破学科壁垒，促进各类知识与技能的有机融合。

协同规划课程：教师团队可以联合规划跨学科的课程，将不同学科的知识点结合在一起，以满足实际工作场景的复杂性。

跨学科研讨会：定期组织跨学科的研讨会，促使教师之间进行深度交流，分享各自领域的最新发展，为跨学科教学提供更多创新思路。

项目式合作：通过项目式合作，鼓励教师团队跨学科组成团队，共同指导学生完成实践项目，培养学生解决实际问题的能力。

（2）促进知识与技能的有机融合

跨学科实践项目：引入跨学科实践项目，让学生在项目中接触到多学科的知识和技能，培养综合运用不同领域知识的能力。

联合评价机制：建立联合评价机制，教师团队联合进行对学生的评价，充分考虑多学科知识的贡献，推动学生全面发展。

2.专业发展与创新

（1）加强专业发展

为适应新兴领域的需求，教师团队应加强专业发展。

行业研究：鼓励教师团队深入行业进行研究，及时了解行业发展动态，使课程内容更符合实际需求。

参与产学研合作项目：积极参与产学研合作项目，将学科知识与实际应用相结合，提升实际操作技能。

（2）激发创新精神

创新教学方法：鼓励教师尝试并引入新的教学方法，例如基于案例的教学、互动式教学等，以提高教学效果。

设计实践项目：教师团队可以共同设计实践项目，注重项目的实际性和创新性，培养学生的实际操作和解决问题的能力。

（三）学生的参与

1.个性化学习

（1）个性发展的尊重

在劳动教育中，个性化学习是为了更好地满足每个学生的发展需求，强调对其兴趣、特长和潜能的尊重。

兴趣导向的课程设置：根据学生的兴趣爱好，设置多元化的选修课程，让学生可以选择符合自己兴趣的学科方向。

个性化导师制度：建立个性化导师制度，由导师深入了解学生的个性特点，制定个性化学习计划，提供更有针对性的指导和支持。

多元评价体系：采用多元的评价方式，不仅关注学生的学科知识水平，还注重对其创新思维、团队协作等综合素质的评价。

（2）差异化的教学计划

差异化任务设计：在教学中采用差异化的任务设计，根据学生的学科水平和学习能力，为其提供具有挑战性和可操作性的任务。

个性化学习资源：建设个性化学习资源库，学生可以根据自身需求选择合适的学习资源，拓展知识面。

2.实践机会的提供

（1）积极参与实践活动

丰富的实践项目：学校应设立多样化的实践项目，覆盖不同领域，让学生可以选择符合自己兴趣和专业方向的实践机会。

社会实践与实习：鼓励学生积极参与社会实践和实习，通过与真实工作场景的接触，提高实际操作技能，培养解决问题的能力。

（2）提高实际操作技能

校内实验课程：设置校内实验课程，让学生在校内实验室中进行实际操作，提高实际技能水平。

产学研项目参与：鼓励学生参与产学研项目，与企业合作，亲身参与实际项目，提升实际操作经验。

（四）社会企业的参与

1.产学研深度合作

（1）建立紧密合作机制

联合课程设计是构建校企合作机制的重要一环。通过学校与社会企业的联合课程设计，可以确保教学内容与实际需求贴近，使学生在学习的过程中能够获得更为实用的知识和技能。合作双方可以共同制定课程大纲、教学目标和实践项目，保障课程的实用性和前瞻性。此外，通过企业专业人才的参与，课程内容可以更好地反映当前行业的发展趋势和技术需求，提高学生就业竞争力。

共建实践基地是校企合作中的关键环节。合作企业为学校提供实训基地，使学生能够在真实的工作环境中进行实践，加深对理论知识的理解和运用。这种实践基地的建设可以包括企业内部的生产线、实验室等场所，为学生提供更为真实和全面的实践体验。同时，学校可以根据实训基地的资源情况调整教学计划，使课程更贴合实际，提高学生的实际操作能力。

产学研项目是校企合作机制的又一层次。通过共同参与产学研项目，学校与企业可以在解决实际问题的过程中形成更紧密的合作关系。这种项目通常涉及前沿技术研究、实际应用问题的解决等方面，促使学校教师与企业专业人才的深度合作。这不仅有助于提高学校的研究水平，也使企业能够及时获取最新的科研成果，推动产业创新。

（2）共享资源与信息

资源整合是校企合作中一项至关重要的战略。学校与社会企业可以通过共享各自的资源，实现资源的互补和优势互补，形成合作共赢的局面。在实验设备方面，企业可能拥有先进的生产和研发设备，可以为学校提供实践所需的工业级设备，从而提升学生实际操作能力。技术专家方面，企业内部的专业人才可以为学校提供实际工作中的经验分享和技术指导，帮助学生更好地理解和应用所学知识。研究成果方面，企业的研发成果可能与学校的科研方向相契合，通过共享研究成果，双方可以共同推动相关领域的发展。

信息交流平台的建立是实现校企合作深度融合的关键。通过建立信息交流平台，学校可以及时获取企业的技术动态、市场需求以及人才培养的实际需求等信息，为调整课程设置和教学方法提供科学依据。这种信息交流的双向性有助于确保学校的教学内容更符合实际行业要求，提高学生的就业竞争力。同时，企业也可以通过信息交流平台更好地了解学校的培养方案和科研水平，为企业的人才引进和技术合作提供参考。

2.企业资源的支持

（1）技术支持与培训

技术支持在学生实践中起到至关重要的作用。企业可以通过为学生提供专业的技术指导，使其在实际工作中能够接触并掌握先进的工作方法和技能。这种技术支持不仅有助于学生更好地适应职场需求，同时也提高了企业实际工作中的效率和质量。例如，一些技术领先的企业可以为学生提供最新的生产工艺、设备操作和工程实施的培训，使学生具备更高的技术水平。

人才培训是实现技术支持与培训目标的关键。社会企业可以通过定期进行员工培训，邀请学生参与其中，使其能够及时了解行业的发展动态、技术更新以及市场需求。这种培训不仅有助于学生保持对行业的敏感性，还为其提供了与专业人士交流学习的机会。同时，学生通过参与企业的员工培训，可以更好地了解企业文化、团队合作等方面的要求，为将来的就业做好充分准备。

（2）实践场地与设备支持

提供实践场地是校企合作中至关重要的一环。通过企业为学校提供实践场地，学生得以在真实的工作环境中进行实践，能够更好地了解和适应未来职业生涯所需的技能和知识。这种实践场地的提供使学生能够面对真实的职业挑战，培养实际工作中所需的应变能力和解决问题的能力。例如，一些企业可以提供实训基地，让学生近距离接触企业运作流程，了解从业务环节到管理层面的实际操作，从而更好地为将来的职业生涯做好准备。

设备支持是实践教学中不可或缺的一部分。社会企业可以为学校提供先进的实验设备，使学校的实验教学能够更加贴近行业前沿，保持实验设备的更新与完善。这有助于学生在学校阶段就能够接触到最新的技术和设备，为他们的职业生涯提供更为广阔的发展空间。同时，设备支持也能够激发学生的学科兴趣，培养他们的实验设计和问题解决能力。例如，一些技术领先的企业可以向学校提供最新的实验设备，与学校共同开展研究项目，推动科研成果的产业化应用。

通过产学研深度合作和企业资源的支持，社会企业与劳动教育生态体系形成紧密衔接，为学生提供更实用、更贴近实际的学习和实践机会，实现人才培养的双赢。

二、个性发展的尊重

（一）多元化教学方式

学校可以通过融合线上线下教学的方式拓展学生的学习渠道。线上教学提供了更为灵活的学习时间和地点，适应那些更倾向于自主学习的学生。与此同时，线下教学可以提供更直接的面对面互动和实践机会，促进学生在实际劳动中的技能培养。这种融合模式不仅丰富了学生的学习体验，还能够满足不同学生对学习环境的个性化需求。

小组合作学习是个性发展导向的另一种重要方式。通过组建学习小组，学生可以在集体合作中相互学习、分享经验，培养团队协作和沟通能力。小组合作学习还能够激发学生的创造性思维，通过共同解决问题提高实际应用能力。这种方式不仅促进了学科知识的深入学习，也有助于培养学生在未来职业生涯中所需的团队合作技能。

项目驱动是个性发展导向的重要组成部分。通过项目驱动的方式，学生参与实际项目，将理论知识应用于实际操作中，提高实际问题解决能力。这种教学方式旨在培养学生的实践能力和创新思维，使其更好地适应未来职业挑战。项目驱动不仅强调知识的实际运用，也激发了学生对学科的兴趣，推动了个性化发展的深入实践。

2.差异化辅导

学校可以提供个性化的学科辅导，以满足学生在不同学科领域的学习需求。这种辅导服务可以根据学生的学科兴趣和学科水平进行差异化设计。例如，对于对某一学科表现出浓厚兴趣的学生，学校可以为其提供更深入、更拓展的学科知识，以满足其求知欲望。而对于在某一学科领域存在较大学习障碍的学生，学校可以通过个性化辅导，提供更加细致入微的教学帮助，帮助他们更好地理解和掌握知识。

学校还应该通过职业规划咨询的方式，引导学生更好地认识自己的兴趣和优势，从而更科学地规划个人发展路径。通过定期的职业规划辅导，学校可以为学生提供全方位的职业信息，帮助他们更好地了解各行各业的发展前景、要求和机遇。在咨询中，学校还可以根据学生的个体差异，制定个性化的职业规划方案，为他们提供更有针对性的建议和指导，使其未来的职业发展更加顺利和可持续。

（二）实践机会的差异化设计

1.个性兴趣匹配

学校可以设置多元的实习项目，以满足不同学生的兴趣需求。通过细分实习项目的方向，使学生可以选择与其个人兴趣相关的领域进行深入实践。例如，在某专业领域中，可以设置涵盖技术开发、项目管理、市场营销等不同方向的实习项目，让学生可以根据个人兴趣和发展方向有针对性地选择参与。

学校还可以通过个性化的实训课程设计，满足学生在专业学习中的差异化需求。在实训课程中，可以设置不同难度、不同方向的实践内容，使学生能够根据个人兴趣和学科特长选择适合自己的实践内容。这样的设计不仅有助于激发学生的学科兴趣，还能够提高其在实践中的投入度和学习效果。

通过个性兴趣匹配的实践机会，学校可以更好地激发学生的学习热情。当学生参与自己感兴趣的实践项目时，他们更有可能投入更多的精力和时间，从而取得更好的学习成果。这种通过兴趣匹配的方式，不仅能够提高学生的学科专业水平，还能够培养其对所学专业的浓厚兴趣，为未来的职业发展奠定坚实基础。

2.导师制度的建立

建立导师制度是高职院校在培养学生中的一项创新性举措。该制度旨在为学生提供更为个性化的指导和支持，使其在学术和职业方向上更有针对性地发展。以下是建立导师制度的一系列步骤和要点。

（1）导师选拔与培养

在建立导师制度的首要任务是选择合适的导师。学校可以从具有丰富经验、卓越成就的教师中挑选，确保导师具备较高的学术水平和职业素养。此外，学校还应为导师提供专业培训，使其具备更好的指导和辅导能力。

（2）学生导师匹配机制

建立学生导师匹配机制是导师制度中的关键步骤。这一机制可以根据学生的专业方向、兴趣爱好以及职业规划，将其与合适的导师进行匹配。匹配的成功与否直接关系到学生在导师制度中能否得到有效的指导。

三、理论与实践相结合的原则

（一）课程融合

1.理论知识贯穿实践

劳动教育的课程设计要坚持理论知识贯穿于实践的原则。这意味着在课程中，专业的理论知识不再仅仅停留在书本上，而是通过实际案例、项目实践等形式，贯穿于学生的实际操作中。通过这种方式，学生能够更好地理解并运用所学的理论知识，使其在未来的职业实践中具备更高的操作水平。

2.学科交叉

劳动教育要积极推动学科交叉，实现不同学科知识的有机融合。例如，工程类专业的学生不仅要学习专业领域的知识，还应当涉足管理学、创新设计等非工程领域的学科。这种学科交叉有助于学生培养跨领域的综合素质，提高其问题解决和创新能力。通过拓宽学科领域，劳动教育使学生更好地适应职业领域的多样性和复杂性。

3.课程融合的实施

理论知识与实践的融合需要通过具体的课程设计来实现。学校可以建立以实际案例为基础的课程，让学生在解决实际问题的过程中运用专业理论知识。同时，项目实践课程也是理论与实践融合的有效途径，通过参与实际项目，学生能够深刻理解课堂上所学的理论知识。

学科交叉的实施需要通过跨学科的教学模式来完成。学校可以设立跨学科的综合性课程，吸引不同专业的学生一同学习。同时，推动教师之间的合作，跨学科的团队教学模式将不同学科的知识融入一个课程中，为学生提供更为全面的学科体验。

为了衡量课程融合的效果，学校可以建立全面的评价体系，包括学生的理论知识掌握情况、实践能力的提升程度以及综合素质的发展等多个方面。这一评价体系不仅关注学生的学术表现，更注重学生在实际劳动中的实际表现和综合素质的提升。

（二）实践基地的紧密衔接

实践基地与学校应形成产学研一体的紧密衔接。这一战略的核心在于学校与实践基地的合作，通过共同设计实践项目，确保实践内容紧密符合实际工作需求。这种紧密的衔接有助于提高学生在实践中的专业素养，使其更好地适应未来的职业挑战。

1.产学研一体的紧密衔接

产学研一体的紧密衔接是高等教育体系中一项重要而又富有前瞻性的改革，其核心在于学校、产业实践基地和研究机构之间建立深度合作关系，实现理论与实践的有机结合。这种紧密衔接不仅有助于提升学校教育质量，还能促进科研成果的转化，为社会和产业的可持续发展提供强有力的支持。

学校与产业实践基地的合作应该从战略层面进行规划，确立长期的合作伙伴关系。学校需要深入了解产业的发展趋势和需求，通过与实践基地紧密对接，及时调整课程设置，确保教育内容与市场需求保持同步。在共同策划实践项目的过程中，学校应该充分发挥专业教师和产业专家的优势，形成跨界合作的团队，为学生提供更为全面和深入的培养。

实践基地作为产业和研究的纽带，不仅可以提供学生实际工作场景的机会，还能为学术研究提供丰富的实证数据和场景。学校与实践基地可以共同设立研究项目，将理论研究与实际问题相结合，推动学术研究的深入发展。同时，实践基地的反馈也能够帮助学校更好地调整研究方向，确保科研成果更符合实际需求，提高研究的实用性和可操作性。

产学研一体的紧密衔接不仅仅是学校和实践基地之间的合作，还应该积极引入研究机构的资源。学校可以与相关研究机构建立联合实验室、共享科研平台等合作机制，促进基础研究和应用研究的结合。通过联合申报科研项目、共同培养研究生等方式，实现产学研一体的全方位融合，推动科技创新和人才培养的双向推进。

总体而言，产学研一体的紧密衔接是一项复杂而系统性的工程，需要学校、实践基地和研究机构共同努力，形成合力。只有通过深度的合作，才能实现理论与实践的有机结合，为培养更具实际操作能力的人才和推动科研成果的转化创造更为有利的条件。这种紧密衔接不仅有益于高等教育体系的发展，也将为社会和产业的可持续创新发展注入强大动力。

2.实际操作与理论课程的同步

首先，实际操作与理论课程的同步是高等教育中一项关键而迫切需要解决的问题。传统的学科分隔导致了理论知识与实际操作之间存在较大的鸿沟，学生往往在毕业后才发现理论知识与实际工作场景之间的不协调。因此，学校在选择实训基地时应该从根本上改变这一现状，确保实际操作与理论课程同步进行，为学生提供更为有价值的学习经验。

为了实现实际操作与理论课程的同步，学校需要与潜在的实践基地建立紧密的合作关系。这种合作关系不仅仅是简单地提供实习机会，更应该包括对实训基地的深入了解，确保学生在实践中能够真正接触到与专业相关的实际工作。例如，在选择工程类专业的实训基地时，学校可以与相关企业合作，确保学生能够参与到实际的项目中，进行实际的设计、制造或施工工作。这样的实践机会有助于学生更好地理解和应用所学的理论知识，提高他们的实际操作能力。

学校还应该与实践基地共同策划实践项目，确保实际操作与理论课程的内容相互补充。通过项目的设计，学校可以更灵活地调整课程设置，使其更符合实际工作中的需求。例如，可以将某个实践项目纳入课程中，让学生在实际操作中学习并应用相关的理论知识。这种项目式的学习方式有助于学生更好地理解理论知识的实际应用场景，提高他们的问题解决能力和创新能力。

为了确保实际操作与理论课程的同步，学校还应该建立健全的评估体系。这包括对学生在实践中表现的评估、对实践基地的评估以及对课程设置的评估等方面。通过定期的评估，学校可以及时了解学生在实际操作中的表现，为课程的调整提供依据。同时，对实训基地的评估也有助于确保学生在实习中能够真正接触到有价值的实际工作，而不仅仅是形式化的经验积累。

实际操作与理论课程的同步是高等教育中的一项重要任务。学校在选择实践基地、建立合作关系、策划实践项目和建立评估体系时，都需要着眼于实现这一目标。只有通过深度的合作和系统性的改革，才能真正实现实际操作与理论课程的有机结合，为学生提供更为丰富、实用的学习经验，提高其在实际工作中的竞争力和创新能力。

四、持续优化的要求

（一）建立反馈机制

1. 多方面反馈

建立多方面的反馈机制对于学校的劳动教育生态体系的优化至关重要。其中，学生满意度调查是一项必不可少的工作。通过定期进行学生满意度调查，学校可以全面了解学生对劳动教育的反馈意见，包括教学内容、实践项目、实习安排等方面的评价。学生满意度调查可以通过问卷调查、面谈等多种方式进行，以获取更为全面和深入的反馈信息。这些信息可以帮助学校及时调整劳动教育的方向，提高学生的学习体验和参与度。

企业反馈是评估劳动教育生态体系的重要指标之一。学校与企业的合作是劳动教育的核心，因此，了解企业对学生实际操作能力和职业素养的评价十分关键。学校可以通过定期座谈会、企业调研等方式，征集企业对学生的培养效果的看法。企业反馈不仅可以帮助学校更好地了解实际用人需求，还可以为调整课程设置、改进实践项目提供实质性的建议。这样的反馈机制有助于构建校企合作的长期稳定关系，为学生提供更为贴近实际需求的培训。

社会评估也是评估劳动教育生态体系的一个重要维度。社会对于劳动教育的期望和评价直接关系到学校的社会声誉和地位。学校可以通过邀请社会专家、行业协会等组织进行评估，了解社会对学校劳动教育的认可度和期望。社会评估可以囊括整体劳动市场的需求，提供更为广泛的视角，帮助学校更好地调整教育策略，使之更符合社会发展的潮流。

学校还可以借助数字化技术建立更为精准的反馈机制。通过数据分析，可以更直观地了解学生在不同实践环节的表现，识别潜在问题并提前进行调整。例如，可以通过学生作业表现、实习报告等信息，结合学生成绩数据，进行多维度的分析，为学校提供更为客观、量化的反馈。这种数据驱动的反馈机制有助于提高劳动教育的科学性和实效性。

建立多方面的反馈机制还应包括校内各层级的交流渠道。学生、教师、行政人员之间应该建立起畅通的沟通渠道，形成一个开放、透明的反馈体系。这可以通过定期的座谈会、工作坊等形式实现，鼓励各方分享对劳动教育的看法和建议。这样的内部反馈机制有助于及时发现和解决问题，提高整体劳动教育体系的协同效应。

2. 及时调整

及时调整是建立反馈机制的重要补充，能够使学校的劳动教育体系更具灵活性和适应性。通过及时调整，学校能够更有效地响应社会变化和学生需求，确保劳动教育与时俱进。

对于课程设置的及时调整是提高劳动教育体系质量的重要环节。学校应该充分利用学生满意度调查、企业反馈等信息，深入分析学生的学习体验和课程设置的实际效果。在这个基础上，学校可以及时调整课程内容、更新教材、引入新的教学方法，确保教学内容紧跟行业发展趋势。例如，在新兴技术充分涌现的情况下，学校可以迅速调整相关课程，确保学生能够掌握最新的工作技能，提高就业竞争力。

实践项目安排的及时调整同样至关重要。学校与实践基地的合作应该是一个动态的过程，随着行业变化和技术发展，实践项目的设计也需要不断地进行调整和更新。通过与企业保持密切的联系，学校可以了解到实际工作中的需求变化，及时调整实践项目的内容和安排，使之更符合实际用人需求。例如，如果某个领域的技术或工艺发生变革，学校可以迅速调整相关实践项目，确保学生获得最新的实际操作经验。

学校还应该充分利用数字化技术，通过大数据分析和人工智能等手段，及时获取关于学生学习情况、实践表现的信息。这样的信息可以为学校提供更为精准的反馈，帮助及时发现问题并进行调整。例如，可以通过学生的在线学习行为数据和实践项目的评估数据，分析学生在不同阶段的学习情况，发现潜在的问题，提供个性化的教育服务。

学校还可以通过建立灵活的课程开发和更新机制，实现课程的及时更新。这包括引入新的教学方法、采用先进的教育技术、与企业合作共同开发课程等方式。通过灵活的课程开发机制，学校可以更加迅速地响应行业和市场的需求，确保学生接收到最为前沿和实用的教育。

（二）共同优化动力

1.形成共识

形成共识是实现学校与企业、社会各方持续优化的基础。共识的形成需要建立在深入沟通的基础上，确保各方对于优化的目标、方向和方法有清晰而一致的认知。这一过程涉及对于各方期望的理解、利益的平衡以及共同愿景的构建。

学校与企业之间的共识形成是实现持续优化的关键。通过与企业进行深入的对话，学校能够更好地了解实际用人需求和行业趋势。企业的参与可以帮助学校更精准地调整课程设置、实践项目和培养方案，确保学生毕业后更符合企业用人标准。在这个过程中，建立双向沟通的机制，使得学校和企业能够共同明确培养目标、实践要求，并在这些共识的基础上进行协同优化。

社会各界的共识也是劳动教育持续优化的关键因素。学校应该主动与社会进行对话，了解社会对于劳动教育的期望和评价。这包括与行业协会、专业组织、政府机构等建立紧密的联系，以获得更广泛的社会反馈。通过社会各界的参与，学校可以更全面地了解社会对于劳动教育的要求，形成共同认知，为持续优化提供社会支持。

在建立共识的过程中，要重视参与各方的权益平衡。学校、企业和社会各有其独特的视角和利益，需要在共识形成的过程中实现各方的平衡和共赢。这需要在对话和协商中，保持公正、公平的态度，确保每个参与方的声音都得到充分听取和尊重。只有通过平等协商，才能够真正形成可持续的共识，并促使各方在实现优化目标时形成合力。

共识形成的过程需要建立在透明的基础上。信息的透明度有助于各方了解彼此的立场和需求，减少误解和不确定性。学校应当向企业和社会各界提供充分的信息，包括学校的办学理念、教育目标、实践项目设计等方面的详细资料。通过透明的信息传递，有助于建立信任，为共识形成奠定坚实的基础。

形成共识不是一次性的工作，而是一个动态的过程。学校与企业、社会之间的关系是不断变化的，因此，建立定期的沟通机制和共识更新机制是非常重要的。通过定期的对话、座谈、联席会议等形式，各方能够及时了解彼此的变化和调整，以保持共识的活力和实效性。这也有助于在面临新的挑战和机遇时，能够迅速形成新的共识，推动劳动教育持续优化的发展。

2.资源共享

资源共享是推动劳动教育生态体系提升的关键策略之一。学校、企业和社会作为不同的主体，拥有各自的资源和优势，通过有效的合作，可以形成互补，实现资源的最优配置。资源共享的实现不仅需要在理念上达成共识，更需要建立切实可行的机制，以促进信息、实践基地、人才等多方面的共享。

共享信息是资源共享的基础。学校、企业和社会各自积累了大量的信息，包括行业趋势、市场需求、创新技术等。通过建立信息共享的平台，各方可以及时获取对方的信息资源，更好地了解行业动态，调整教育方向和实践项目。这可以通过建立共享数据库、举办行业研讨会、开展定期报告等方式实现，从而推动整个劳动教育生态体系向更为智能、敏感的方向发展。

　　共建实践基地是资源共享的重要途径之一。学校与企业可以通过共建实践基地，充分发挥各自的优势，为学生提供更为丰富、实际的实践机会。这不仅有助于提高学生的实际操作能力，还能促使学校的教育内容更贴近实际需求。共建实践基地需要建立长期稳定的合作机制，包括明确责任分工、共同投资、资源整合等方面的规定。例如，在共建的过程中，学校可以提供教学资源和专业指导，企业则提供实际工作场景和导师支持，形成双赢的合作关系。

　　共享人才也是资源共享的一项重要内容。学校培养出来的学生具备一定的实践经验和专业知识，而企业需要这样的人才来满足实际用工需求。通过建立畅通的人才流通渠道，学校和企业可以共享人才资源，实现毕业生更好地就业，企业更好地获取符合自身需求的人才。这可以通过建立校企合作的人才招聘平台、双向实习计划、共同举办招聘会等方式实现，以促进人才的共享与流动。

　　共同研究和开发也是资源共享的一种形式。学校和企业可以携手开展科研项目，共同探讨行业前沿问题，推动技术创新。通过建立联合实验室、科研中心等机构，各方可以集中优势资源，共同攻克技术难题，促使科研成果更好地转化为实际应用。这种形式的资源共享有助于提高整个劳动教育生态体系的科技水平和创新能力。

　　为了确保资源共享的可持续性，需要建立完善的共享机制。这包括建立共享资源的管理和维护机制，确保资源的有效利用和合理分配。同时，要建立相应的激励机制，鼓励各方更积极地参与资源共享。这可以通过设立合作奖励、共享成果的权益分配等方式实现，以促进各方的合作积极性。

　　总体而言，资源共享是推动劳动教育生态体系提升的有效途径。通过共享信息、共建实践基地、共享人才、共同研究和开发等多方面的合作，学校、企业和社会可以形成紧密的协同网络，为学生提供更为丰富的学习体验，为行业的可持续发展注入源源不断的动力。这种资源共享不仅促进了教育质量的提升，也有助于更好地满足社会需求，形成共赢的局面。

第六章　高职院校劳动教育生态体系构建的关键要素

第一节　劳动教育生态体系构建的关键要素概述

劳动教育生态体系构建的关键要素包括教育资源整合与优化、师资队伍建设与培养、学生参与合作机制构建，以及评价与监督机制的建立。这些要素相互作用，共同构建起一个有机、健康、可持续的生态体系，为高职院校劳动教育提供坚实支撑。

一、教育目标的明确性

在劳动教育生态体系构建中，首要的关键要素是确立清晰、明确的教育目标。这涉及对学生的培养目标、专业素养和实际能力的明确定位。只有明确的教育目标才能为后续的教育内容和方法提供明确的指导，使劳动教育更加有针对性和实效性。

（一）学科知识与实践技能的平衡

教育目标的平衡应在学科知识和实际操作技能之间达到。学科知识和实际操作技能的平衡是培养学生全面发展的关键，确保他们在未来职业中既能胜任专业领域的任务，又能在实际工作中灵活运用所学。

为实现教育目标的平衡，学校应设计综合性的课程体系。在学科知识方面，学校要确保学生掌握深厚的专业基础。通过设立核心课程和专业选修课程，学校能够确保学生在所学专业领域内拥有系统而深入的知识。例如，在工程类专业中，学生需要学习工程力学、电路理论等专业核心课程，以建立坚实的理论基础。学校还应提供多样性的实践机会，使学生能够在真实场景中应用学科知识。实践项目、实习经验等都是重要的手段，通过这些实践机会，学生能够将理论知识转化为实际操作能力，为未来职业做好充分准备。

注重跨学科的整合教学是实现教育目标平衡的关键。学科知识和实际操作技能的平衡需要超越学科的界限，通过跨学科的整合，促使学生在解决实际问题中全面发展。一是，学校可以设计跨学科的综合课程，将不同学科的知识相互交融。例如，将工程学与管理学整合，设计项目管理课程，使学生不仅了解工程技术，还能够有效地组织和管理项目。二是，跨学科的实践项目也是整合教学的有效手段。通过将不同专业的学生组成团队，共同参与实际项目，学生能够在协作中学到更多的知识，同时培养团队协作的能力。

（二）社会适应性培养

社会适应性不仅仅包括专业领域的适应，更涉及跨学科的能力，使学生能够灵活适应不同领域的实际工作需求。这种全面的适应性培养有助于学生在复杂多变的社会环境中脱颖而出，更好地发挥其专业知识和实际操作技能。

教育目标的调整需要注重跨学科能力的培养。学生在培养专业知识的同时，还需要具备跨学科的能力，能够在不同学科领域中应对复杂的问题。为实现这一目标，学校可以通过以下途径进行培养。一是，开设跨学科的综合课程，引导学生跨足不同领域的知识。例如，在工程类专业中，学生可以学习到管理学、设计学等跨学科的知识，使其具备更广泛的认知。二是，鼓励学生参与跨学科的实践项目，通过与其他专业的同学协作，共同解决实际问题。这样的实践经验能够让学生更好地理解和运用不同学科的知识，培养其跨学科的思维和能力。

强调实际工作需求的适应性培养是社会适应性目标的关键。学校应当更加注重培养学生具备实际操作技能，能够在真实工作场景中胜任不同领域的任务。一是，学校可以通过实践型项目和实习机会，使学生直接接触和参与实际工作。例如，在工程类专业中，学生可以参与实际的工程项目，亲身体验项目周期、团队协作等实际工作中的方方面面。二是，学校应注重学科知识与实际需求的对接，确保所教授的知识体系能够真实地满足社会的需求。学校与产业界的深度合作是实现这一目标的关键，通过了解行业需求，调整教育内容，使学生所学的知识更加贴近实际工作场景。

二、教学内容的科学性和前瞻性

构建生态体系的关键在于科学合理地教学内容。这需要对当前职业领域的需求进行深入研究，结合前沿技术和理论，确保劳动教育内容具备科学性和前瞻性。

（一）实际工作场景的模拟

教学内容的科学性和前瞻性在于其紧密贴合实际工作场景。通过模拟真实的工作环境，学校可以为学生提供更为真实、贴近实际的学习体验。例如，在工程类专业中，可以建立真实的工程实训场地，让学生在模拟的工程项目中进行实际操作。这样的模拟场景不仅能够锻炼学生的实际技能，还能培养其在真实工作场景中的应变能力和团队协作精神。通过这种方式，教学内容不再仅仅是理论知识的灌输，而是与实际工作紧密结合，使学生更好地适应未来职业挑战。

实际工作场景的模拟也可以包括与企业合作的实践项目。学校可以与行业内的企业建立紧密的合作关系，将真实的项目引入教学内容。这种合作模式使学生有机会参与真实项目的解决方案制定、实施与评估，提高了他们的实际问题解决能力。同时，学生通过与企业专业人士的互动，能够更好地理解行业需求，为未来的职业发展做好充分准备。

（二）前沿技术和理论的融入

教学内容的科学性和前瞻性表现在对前沿技术的融入。随着科技的迅猛发展，教学内容需要不断更新，及时融入行业的前沿技术。例如，在信息技术专业中，教学内容应包含最新的编程语言、开发工具等内容，以确保学生学到的知识具有实用性和领先性。通过引入前沿技术，学生可以在学校就开始接触并应用最新的工具，为将来从业奠定坚实基础。

教学内容应紧密结合行业的前沿理论。学校可以通过邀请行业专家举办讲座、举办学术研讨会等方式，将最新的理论观念纳入教学体系。例如，在生物技术领域，教学内容可以融入最新的生物信息学理论，培养学生对于未来生物科技的理论洞察力。这样的教学方式使学生能够紧跟行业发展潮流，具备在不断变化的职业环境中持续学习的能力。

通过实际工作场景的模拟和前沿技术、理论的融入，教学内容不仅具备科学性和前瞻性，更能够为学生提供更全面、深入的知识体验，使其在毕业后能够更好地适应和引领行业发展。

三、师资队伍的专业性和创新性

一个优秀的劳动教育生态体系离不开专业素质和创新能力出众的师资队伍。师资队伍的建设是关键要素之一，涉及教师的专业知识水平、教育教学理念以及对新知识、新技术的适应能力。

（一）专业知识的深入

师资队伍的专业性表现在对相关学科知识的深入了解。教师应当通过广泛的学术研究和参与行业实践，不断提升自身专业水平。例如，在计算机科学专业，教师可以关注人工智能、大数据等领域的最新进展，将这些前沿知识融入课堂教学。通过深入学科领域的了解，教师不仅能够更好地传授知识，还能够激发学生对学科的兴趣，培养其独立思考和创新能力。

专业性的体现还包括教师对于实际职业领域的深刻理解。教师可以通过与行业合作、参与实际项目等方式，了解当前行业的需求和趋势。这样的专业性不仅使教师更具权威性，也使他们能够更好地指导学生职业规划，确保教育内容与职业要求保持一致。

（二）创新教学理念的引入

创新教学理念的引入表现在不拘泥于传统教学方式。教师应当积极采用新颖的教学方法，例如项目驱动学习、案例教学等，使课堂更富有活力和趣味。通过引入创新的教学理念，教师能够更好地激发学生的学习兴趣，培养其解决实际问题的能力。

师资队伍应积极探索新的教学模式。随着技术和社会的不断发展，传统的教学方式可能已不再适用。例如，在信息技术领域，教师可以引入在线学习、远程协作等新型教学方式，提高教育的灵活性和针对性。创新的教学模式既能够满足学生个性化的学习需求，也能够更好地培养其创新思维和团队协作精神。

通过专业知识的深入和创新教学理念的引入，师资队伍不仅能够提供学科知识的权威传授，还能够培养学生的创新能力和实际问题解决能力，使其更好地适应未来职业的发展。

四、校企合作的紧密程度和实践机会的广度

校企合作是构建劳动教育生态体系的桥梁，关系到学生是否能够接触到真实的工作场景，获得丰富的实践机会。

校企合作机制的灵活性至关重要。这种灵活性应当体现在合作协议的制定和执行过程中，能够根据不同专业和行业的需求进行调整。例如，在信息技术领域，由于技术更新迅速，校企合作机制需要能够及时响应新技术的变化，调整合作内容，确保学生接触到最新的产业知识。合作机制的灵活性不仅有利于保持合作的实效性，还能够更好地适应不同行业的发展变化。

校企合作不仅应围绕课程内容展开，还应提供更多元化的实践机会。这包括但不限于参与项目、实习、实际工作经验等。通过多元化的实践机会，学生能够更全面地提升自己的实际操作能力。例如，在工程类专业中，学生可以参与真实项目的设计与实施，从而在实践中巩固所学知识，培养解决实际问题的能力。实践机会的广度不仅能够满足学生的个性化需求，也有助于培养其综合素质，使其更好地适应未来职场的多样化挑战。

通过合作机制的灵活性和实践机会的多元化，校企合作能够更好地促进劳动教育生态体系的构建。这种合作模式既有助于提高学生的实际操作能力，也有助于满足不同行业的需求，培养出更具竞争力的劳动力。

第二节　教育资源的整合与优化

一、教育资源整合

（一）教育资源的多元来源

1.学校内部资源的整合

学科专业资源的整合是学校内部资源整合的重要方面。通过协同学校内部不同学科专业的资源，可以构建更为多元化和综合性的劳动教育课程。学校可以设立跨学科的实践项目，将不同专业的学生组成团队，共同参与项目。例如，在一个工程项目中，工程专业的学生可以负责技术设计和实施，而管理专业的学生则可以负责项目管理和团队协作。这样的整合不仅能够提供学生更全面的实践体验，还有助于培养跨学科的团队协作能力。

学科专业资源的整合也可以通过共同开设跨学科课程来实现。学校可以设立特定的劳动教育课程，邀请不同学科专业的教师共同授课。例如，可以开设关于创新设计与生产的课程，由工程、设计、商务等专业的教师联合授课。这样的课程设计能够为学生提供更综合的知识视角，帮助他们更好地理解实际工作场景中不同专业之间的协同关系。

2.与产业界的深度合作

校企合作项目是学校与产业界深度合作的一项关键举措。通过与企业建立紧密的合作项目，学校可以将真实的工作场景纳入劳动教育，为学生提供更为贴近实际的学习机会。这种合作模式可以涵盖各个学科领域，从工程到商业管理，为学生提供丰富的实践体验。首先，学校可以与企业共同规划实践项目，确保项目的内容与企业的实际需求相契合。例如，在工程专业中，学生可以参与企业实际项目的设计与实施，从而将所学理论知识应用到实际工作中。其次，学校可以通过校企合作项目了解企业对人才的需求，调整劳动教育的内容和方向，确保培养出更符合产业要求的人才。

专业导师团队的建立是与产业界深度合作的另一有效方式。学校可以邀请产业界的专业人士作为导师，为学生提供实际工作经验的分享和专业技能的指导。这种导师制度有助于学生更好地理解实际行业运作，加速专业技能的培养。一是，专业导师可以定期与学生进行面对面的交流，分享他们在产业界的实际经验和见解。这种经验分享不仅能够激发学生的学习兴趣，还能够帮助他们更好地规划自己的职业发展。二是，导师团队可以在学术和实际工作之间建立桥梁，促进产学研一体化。导师可以帮助学校更好地了解行业的前沿动态和趋势，从而更灵活地调整劳动教育的内容和方向。

（二）教育资源的跨学科融合

1.学科知识的交叉融合

工程学与管理学的融合是促使劳动教育更全面的一项举措。通过将工程学的实际技能与管理学的项目管理理念相结合，学校可以培养出既能够熟练操作，又能够有效组织和管理的复合型人才。在课程设置上，学校可以设计跨学科的课程，将工程学的实际技能与管理学的项目管理理念融为一体。例如，在一个项目实践课程中，学生既可以学习到实际的工程操作技能，如机械设计、工艺流程等，同时也能够学习项目管理中的团队协作、进度控制等管理技能。这样的融合能够使学生更全面了解和应用知识，培养出在实际工作中既能独立操作，又能协调团队的综合素质。

创新设计与实际操作的结合是培养综合型人才的另一重要途径。通过引入创新设计学科，学校可以让学生通过实际操作中体会创新的重要性，培养具备创造力和实际操作技能的综合型人才。一是，学校可以设立专门的创新设计课程，让学生在课堂中学习到创新设计的理论知识，并通过实际操作来进行创新设计项目。例如，在工程领域，学生可以通过实际设计项目来解决实际问题，锻炼创新思维和实际操作能力。二是，学校还可以鼓励学生参与创新设计竞赛，提供更广阔的平台让学生展示他们的创新成果。这样的结合能够促使学生在实际操作中培养创新意识，同时将创新理念与实际操作有机结合，为他们未来的职业发展奠定坚实的基础。

2.课程内容的多元融合

项目驱动的跨学科课程是多元融合课程内容的一项重要策略。通过以实际项目为驱动，学校可以融合不同学科的知识，让学生在解决实际问题的过程中全面发展。一是，学校可以选择具有跨学科性质的实际项目，例如社会实践项目、工程设计项目等，作为课程的核心内容。这些项目能够涉及多个学科领域，要求学生跨足不同领域的知识，例如工程、管理、设计等。二是，学校可以设立跨学科的教学团队，由不同学科的专业教师组成，共同指导学生完成项目。这样的团队能够确保项目的跨学科性和学科知识的融合。通过项目驱动的跨学科课程，学生能够在实际问题中应用并深化自己的学科知识，培养解决实际问题的能力和综合素质。

团队合作的跨学科培养是多元融合课程内容的另一有效途径。通过跨学科的团队合作项目，学校可以培养学生与不同专业人才合作的能力，使其在多学科环境中更好地协同工作。一是，学校可以组织跨学科的团队合作项目，要求学生以小组形式合作完成任务。团队成员来自不同专业，例如工程学、管理学、设计学等，每个成员负责项目中与自己专业相关的部分。二是，学校可以设立专门的团队合作培训课程，帮助学生了解和应对跨学科合作中可能出现的问题。培训内容可以包括团队沟通技巧、跨学科合作的挑战与机遇等方面。通过团队合作的跨学科培养，学生能够更好地适应未来工作中的跨学科合作环境，提高团队协作和沟通能力。

通过学校内部资源整合和与外部多元化来源的合作，以及在劳动教育中跨足不同学科领域，高职院校可以建立更为全面和多元的劳动教育生态体系。这不仅有助于更好地满足学生的实际需求，也能够培养出更适应未来职场的复合型人才。

二、教育资源优化

（一）个性化学习资源的提供

1.在线学习平台的建设

多元化课程设置是在线学习平台建设的核心之一。一个综合性的在线学习平台应该涵盖多个学科领域，从基础知识到高级专业课程，以及各种实践项目和实习机会。这样的多元化课程设置可以满足不同学生的学科需求，促使学生在更广泛的领域中获得知识和技能。例如，学校可以合作开设不同领域的专业课程，涵盖工程、商务、科技、人文等多个方向，以满足学生的多样化学科需求。

学习路径个性化设计是在线学习平台建设的重要组成部分。通过学科测试和兴趣调查，学校可以收集学生的学科特长和兴趣方向信息，从而为每个学生设计个性化的学习路径。这种个性化设计可以确保学生在其擅长和感兴趣的领域中深入学习，提高学习的积极性和主动性。学校可以利用大数据分析和人工智能技术，根据学生的学科测试成绩、学科偏好等信息，为其推荐合适的课程和实践项目，使学生能够更有针对性地发展自己的学科特长。

2.实践性项目的引入

项目导向学习是一种强调学生通过参与实际项目来获取知识和技能的学习方式。在设计实践型项目时，学校可以将课程内容与真实世界的问题相结合，通过解决实际问题的过程，培养学生的实际问题解决能力。这种项目导向学习强调学生在实际操作中应用理论知识，通过项目的完整周期，从问题定义、解决方案设计到实施和评估，全面提升学生的综合素质。例如，在工程类专业中，可以设计工程项目，让学生在团队合作中实际应用所学的理论知识，锻炼他们的团队协作和问题解决能力。

为了更好地支持学生参与实践型项目，学校应建立导师制度。导师制度的建立能够为学生提供专业的指导和支持，确保项目的顺利进行。导师可以是学校的教职员工，也可以是来自相关行业的专业人士。导师的角色不仅仅是传授知识，更是引导学生思考问题、解决问题的过程，促使学生在实践中不断提升专业技能和实际应用能力。通过与导师的深度互动，学生能够更好地理解实际项目的背后原理，提高对实际问题的洞察力。

（二）先进技术手段的运用

1.虚拟现实技术的整合

虚拟实验室的引入是整合虚拟现实技术的关键步骤之一。传统的实验室学习受到时间、空间和设备等方面的限制，而虚拟实验室通过利用虚拟现实技术，使学生能够在虚拟环境中进行实验，获取更为丰富的实践经验。这种虚拟实验室可以模拟各种实际实验场景，包括化学实验、物理实验、生物实验等，为学生提供更安全、更便捷的实验环境。虚拟实验室还可以通过可视化、交互性等特点，使学生更深入地理解实验原理，促进他们在实验中培养实际操作技能。

实景模拟培训是运用虚拟现实技术模拟真实工作场景，提高学生实践技能的有效途径。通过虚拟现实技术，学校可以创建高度逼真的虚拟环境，使学生可以在其中进行实际操作和应用技能，仿真真实的工作场景。例如，在医学专业中，可以通过虚拟现实技术模拟手术过程，让学生在虚拟环境中进行手术操作，提高其手眼协调和临床技能。这种情景模拟培训能够弥补传统教学中实践机会有限的不足，提高学生在面对实际工作时的自信心和熟练度。

2.人工智能技术的应用

个性化学习推荐系统是人工智能技术在教育领域的重要应用之一。通过利用人工智能技术建立学生学习档案，系统可以收集和分析学生的学科偏好、学习进度、知识水平等信息，从而为每位学生提供个性化的学习资源推荐。这种系统能够通过算法模型实现精准的学科定位，为学生推荐合适难度和内容的学习材料，从而提高学生学习的效果。例如，对于数学学科，系统可以根据学生的学科水平为其推荐不同难度的数学题目，以满足不同学生的学科需求。

智能辅助教学工具是人工智能技术在提高教学效率方面的一项创新。通过开发智能辅助教学工具，可以为教师提供个性化的教学辅导支持。这种工具可以通过分析学生的学科表现，了解学生的薄弱环节和优势领域，为教师提供有针对性的教学建议。例如，系统可以根据学生的答题情况和反馈信息，推荐教师采用特定的教学方法或为学生提供额外的学科辅导。这有助于教师更好地个性化地关注每位学生的学业发展，提高教学的效果。

第三节　师资队伍的建设与培养

一、师资队伍建设

（一）多元背景的师资队伍构建

1.产业界专业人才

（1）实际工作经验的整合

邀请在产业界具有丰富实际工作经验的专业人才加入师资队伍，以分享实际案例和行业动态，使教学更具实践性。

（2）校企合作的专业导师

与企业建立校企合作项目，将企业专业人士作为专业导师，直接参与劳动教育，提供实际项目指导，使学生更贴近实际工作场景。

2.教育领域的专业教育者

（1）教育专业知识的注入

招聘教育领域的专业教育者，注重教育理论和教学方法的研究，提高教学质量，保证劳动教育更符合教育学科的要求。

（2）跨学科的教育团队

建立由来自不同学科背景的教育者组成的团队，通过跨学科合作，促进不同学科知识的融合，为学生提供更全面的教育。

（二）持续学习的机制建设

1.行业研究与专业培训

（1）参与行业研究项目

师资队伍积极参与行业相关的研究项目，深入了解行业发展趋势和需求，将研究成果融入劳动教育中。

（2）专业培训计划

建立定期的专业培训计划，邀请行业专家进行培训，使师资队伍能够及时了解最新的技术、管理和教育理念。

2.学科交流与教学研讨

（1）学科交流会议

定期组织学科交流会议，邀请国内外相关领域的专家学者进行学术交流，推动教师对学科知识的更新。

（2）教学研讨会

设立教学研讨会，教师分享教学心得和经验，共同研讨如何更好地将理论知识与实际操作相结合。

通过构建多元背景的师资队伍和建设持续学习的机制，高职院校劳动教育能够更好地适应社会需求的变化，培养出更具实践经验和教育专业知识的复合型人才。

二、师资培养

（一）师资培养的全面规划

1.教学方法的创新

引入现代教育技术

师资培训的核心之一是将教师熟悉现代教育技术，包括虚拟实验、在线教学等。这样的培训不仅提高了教师的数字素养，还增强了课程的趣味性和实用性。

学习创新教学理念

在培训中注入创新教学理念，鼓励教师通过项目式教学、合作学习等方式培养学生的创造力和实际解决问题的能力。

2.学科交叉的理念融合

（1）跨学科培训计划

制定跨学科培训计划，帮助教师了解其他学科的知识和方法。这有助于在课程设计中融入多学科元素，提高教学的综合性。

（2）组织学科交叉研讨

定期组织学科交叉的研讨会，邀请相关领域的专家，促进教师之间的学科交流与合作，形成共同进步的氛围。

（二）实践经验的分享与交流

1.内外部实践交流活动

（1）学校内部实践分享

建立学校内部实践分享平台，鼓励教师分享自己在教学实践中的成功经验，以促进内部经验的传承。

（2）外部实践交流活动

组织教师参与国内外的实践交流活动，让他们深入实际工作场景，借鉴其他学校和企业的先进教学模式，提高劳动教育的质量。

通过全面规划师资培养，包括教学方法创新和学科交叉融合，以及鼓励实践经验的分享与交流，可以提升高职院校劳动教育师资队伍的整体素养，更好地适应复杂多变的社会需求。

第四节 学生参与合作机制的构建

一、学生参与机制

（一）个性化发展路径的设计

1.兴趣测评与评估

（1）引入科学的测评工具

学校应当引入科学、全面的兴趣测评工具，采用先进的心理学和教育学方法，系统性地了解学生的兴趣爱好、职业志向和潜在天赋。这可以通过在线问卷、面谈等方式进行，以确保测评结果的准确性和客观性。

（2）个性发展档案的建立

针对每位学生，建立个性发展档案，将兴趣测评的结果纳入其中。这个档案应包括学生的兴趣关键点、潜在发展方向、过去参与的实践项目等信息，为制定个性化发展路径提供依据。

2.差异化辅导

（1）定制学科选择方案

基于学生个性发展档案，为每位学生定制学科选择方案。这需要与专业辅导员、学科教师深入沟通，了解学生的学科偏好和适应能力，从而为其选择符合个性发展需求的课程。

（2）实践项目的差异化设计

为满足学生的差异化需求，实践项目应当具有一定的灵活性。学校可以设置多个层次、不同难度和专业领域的实践项目，让学生根据个体差异进行选择，确保每位学生都有机会参与符合自身发展需求的实践活动。

（二）学生自治与参与决策

1.学生代表机制

（1）代表选拔与培训

学校应设立学生代表机制，通过选举程序产生具有代表性的学生代表团队。选举过程应当公平公正，确保代表能够真实反映学生群体的需求。选出代表后，还需提供相应的培训，使他们了解劳动教育的基本理念、学科知识和决策流程，提升他们的参与水平。

（2）代表参与决策过程

学生代表应该参与到学校劳动教育决策的各个环节中，包括政策制定、课程设计、实践项目规划等。学校管理层在决策过程中应充分听取学生代表的意见，确保决策更加贴近学生实际需求。

2.学生议事会的设立

（1）定期召开会议

学校应设立定期的学生议事会，由学生代表参与其中，讨论劳动教育方面的重要议题。会议的周期可以根据学期进行，确保及时解决问题和调整政策。议事会的议程可以包括教学计划的讨论、实践项目的评估、学生需求的反馈等。

（2）议题征集与投票机制

学生可以通过提出议题的方式，将关心的问题纳入议事会的讨论范围。此外，可以设立投票机制，让更多的学生能够在一定程度上参与到决策的过程中，确保决策的民主性和公平性。

通过学生自治与参与决策的机制建设，学校能够更好地倾听学生的声音，调整劳动教育的方向，使其更符合学生的实际需求，提高劳动教育的实效性。

二、合作机制建设

（一）产学研合作的深度融合

1.实践项目合作

（1）项目规划与设计

学校应与产业界合作，共同规划和设计实践项目。通过深入了解产业的需求，确定项目的具体目标和内容。项目设计要充分考虑学生的学科特长和个性发展方向，确保项目既能锻炼实际操作技能，又与产业实际紧密相连。

（2）企业导师与学术导师的协同指导

实践项目合作中，学校可以邀请企业专业人士作为导师，与学校的学术导师一同协同指导学生。这样可以保证项目既有实际的产业导向，又不失学术的深度，为学生提供更全面的指导。

2.技术创新项目

（1）项目选题与立项

学校与企业可以共同选择与产业发展密切相关的技术创新项目。通过共同立项，明确项目的研究方向和目标。确保项目既符合学校的科研方向，又对产业的技术创新有实际推动作用。

（2）共同参与研发

技术创新项目的深度融合需要学校与企业共同参与研发过程。学校可以提供专业的研究力量，而企业则提供实际的应用场景和资源支持。双方协同努力，推动项目的顺利进行。

通过实践项目合作和技术创新项目的深度融合，学校与产业能够更好地结合实际需求，为学生提供更有挑战性和前瞻性的实践机会，促进产学研三方的全面合作。

（二）学校内部多部门协同合作

1.教育部门与实践基地管理部门的协同

（1）规划与实施

劳动教育的规划是确保教育目标明确、科学合理的基础。教育部门和实践基地管理部门应该建立定期的规划会议，共同研究和确定劳动教育的长期和短期目标。在这个过程中，需要充分考虑社会发展的需要、学生的实际情况以及实训基地的资源条件。通过对学科知识、实践技能和职业素养等方面的要求进行综合分析，形成科学、可行的劳动教育规划。

实践基地的选址是劳动教育的关键环节。教育部门和实践基地管理部门要共同参与选址工作，确保实践基地既能够满足学生实际操作的需求，又能够与教育目标相匹配。在选址过程中，需要考虑实训基地的产业背景、技术水平、师资力量等因素，确保学生能够在实际工作场景中获得全面的培养。此外，还需要关注实践基地所在地的社会文化、经济发展状况，以便更好地将劳动教育与地方实际相结合。

劳动教育的实践项目设置是培养学生实际能力的关键。教育部门和实践基地管理部门要共同参与项目设计，明确项目的目标、内容、形式等方面的要求。在项目设置中，可以结合学科特点和实践基地的特色，设计一系列既有系统性又有创新性的实践活动。这些活动可以涵盖技能培训、模拟实操、实地调研等多个方面，确保学生在实际操作中能够全面提升自己的实际能力。

形成有机的协同工作机制是劳动教育规划和实施的保障。教育部门和实践基地管理部门应该建立定期的沟通渠道，开展规划和实施的专题研讨，及时解决在执行过程中出现的问题和困难。建议通过建立联席会议、制定协作协议等方式，明确双方的职责和权利，确保规划和实施的无缝衔接。在这个过程中，还可以邀请相关领域的专家参与，提供专业意见和建议，确保劳动教育的质量和效果。

（2）资源整合与共享

建立资源整合与共享机制是促进劳动教育深入开展的基础。教育部门和实践基地管理部门需要共同制定资源整合的具体计划，明确资源整合的范围、目标和时间表。在这个过程中，可以充分利用信息技术手段，建立资源数据库，将各类资源进行分类、整合，为劳动教育提供有力支持。此外，还可以通过建立资源整合工作组，将双方的专业力量集中起来，更好地发挥各自的优势。

资源整合的内容应该包括课程设计和实践方案的共建共享。教育部门可以提供先进的课程设计理念、教学方法和评价体系，为实践基地的劳动教育提供科学指导。同时，实践基地管理部门可以根据自身特色和实际情况，提供真实可行的实践方案，确保劳动教育既具有理论深度又贴近实际。通过双方的共建共享，可以形成更加完善的教育体系，提高教育的质量和水平。

实训基地的设施和设备是资源整合的重要组成部分。教育部门和实践基地管理部门要共同开展设施和设备的资源整合工作，明确设备的共用和更新计划。在这个过程中，可以充分利用新技术，将设施设备信息化，提高资源利用效率。同时，还可以建立设备共享的机制，通过共享设备，不仅可以节约资源，还能够促进实训基地之间的交流合作，形成更大范围的资源共享网络。

建立资源整合与共享机制需要双方建立定期的沟通协调机制。教育部门和实践基地管理部门可以通过定期的资源整合工作会议，共同研究和解决在资源整合过程中出现的问题。建议设立资源整合专门工作组，负责具体的协调和执行工作。通过这样的机制，可以确保资源整合工作有序进行，及时调整和优化资源配置，提高劳动教育的实效性和针对性。

2.创新中心与教学部门的合作

（1）创新项目的策划与推进

创新中心与教学部门可以共同策划劳动教育的创新项目。这包括引入新的教学技术、开展实践创新、设计跨学科课程等方面。通过合作，使劳动教育在理论和实践上都能够保持前沿性。

（2）师资培训与技术支持

创新中心提供师资培训和技术支持，帮助教学部门更好地应用新颖的教学方法。教学部门可以参与创新中心组织的教学研讨会和培训课程，提高教师的教学水平，推动劳动教育的创新发展。

通过教育部门与实践基地管理部门的协同合作以及创新中心与教学部门的深度合作，学校内部形成了有机的合作网络，推动了劳动教育的全面发展。这种内部协同机制有助于更好地整合学校资源，提高劳动教育的质量。

第五节　评价与监督机制的建立

一、评价机制

（一）多维度的评价体系

1. 专业技能评价

在劳动教育领域，建立一套全面而专业的技能评价体系至关重要，以确保学生能够在专业领域达到或超越行业水平。这一体系应涵盖学生在劳动教育中所学的各个方面，旨在提供综合、准确、有针对性的评估，为学生的职业发展奠定坚实基础。

建立专业评价体系的必要性。劳动教育的目标不仅仅在于传授知识，更在于培养学生具备实际操作技能，使其能够顺利进入职业生涯。因此，建立全面专业的评价体系是确保学生在专业技能上取得成功的必要步骤。这一体系的建立旨在更好地满足不同行业对人才的需求，提高学生的就业竞争力。通过科学而系统的评估，可以更准确地了解学生在各个领域的优势和劣势，为其个性化的职业发展提供指导。

专业评价体系的构建要素。为了确保评价体系的有效性，需要考虑多个关键要素。一是，明确评价的目标和标准，确保评价体系与实际职业需求相契合。二是，综合考虑理论知识和实际操作，使评价更全面、贴近实际。此外，引入行业专业人士参与评审，确保评价体系具有权威性和可信度。另外，要充分考虑技术发展的变化，保持评价体系的及时性和灵活性，以适应不断变化的职业环境。

2. 综合素质评价

在教育领域，专业技能的培养固然重要，然而，真正的综合素质评价不仅仅应关注学生在特定专业领域的技能水平，还应全面考察其创新、沟通、团队协作等多方面素质。这一全面综合素质评价体系的建立有助于培养学生的全面发展，使其更好地适应未来职业环境的需求。

综合素质评价的重要性。专业技能在职场中是必要的，但仅有技能远远不足以适应现代职业环境的变化。综合素质评价关注的是学生的全面发展，旨在培养具备批判性思维、创新力、沟通能力、团队协作能力等多方位素质的人才。这种全面素质的培养不仅有助于学生在各个领域都能脱颖而出，还能够提高其在职业生涯中的可塑性和适应性，使其更好地面对未来的职业挑战。

综合素质评价体系的构建要素。为了确保评价体系的全面性和专业性，需要考虑多个关键要素。一是，明确定义综合素质的要素，包括但不限于创新能力、沟通能力、团队协作能力、批判性思维等。二是，建立具体的评价标准，确保评价的客观性和准确性。同时，引入多元化的评价方法，如考查学生在实际项目中的表现、组织学科交叉的综合实践等，以综合考查学生在不同场景下的素质表现。此外，要注重学生自我评价和同行评价的结合，促进全方位的评估。

3.实践经验评估

在教育体系中，为了更全面地了解学生的实际能力和适应能力，建立一个有效的实践经验评估机制是至关重要的。这一机制应考虑学生在实习、项目参与等实际项目中的表现，从而深入了解他们在真实工作场景中的能力和应变能力。

实践经验评估的必要性。理论知识的学习固然重要，但真正的职业能力在实践中得以锤炼和体现。因此，建立实践经验评估机制是确保学生在毕业后能够胜任实际工作的必要步骤。通过对学生在实际项目中的表现进行深入评估，教育机构可以更全面、准确地了解学生在工作场景中的应对能力、团队合作能力、问题解决能力等。这有助于为学生提供更有针对性的发展建议，使他们更好地适应职业生涯的挑战。

实践经验评估机制的构建要素。为了确保评估机制的全面性和专业性，需要考虑多个关键要素。一是，明确评估的目标和标准，确保评估体系与实际职业需求相契合。二是，综合考虑学生在实践中的实际表现，包括但不限于实习经历、参与的项目、职业训练等。此外，要引入导师、行业专业人士参与评估，以确保评估体系具有权威性和可信度。同时，要注重学生自我评价和同行评价的结合，使评估更加全面和客观。

（二）反馈机制的建设

1.定期评价与反馈

在劳动教育中，为了更好地促进学生的全面发展，设立一个定期的评价与反馈机制是至关重要的。这一机制不仅能够使学生在短时间内获取对自我表现的全面评价，还能够为其提供及时的改进指导，从而促进个人发展。

定期评价与反馈机制得必要性。劳动教育不仅仅是为了传授知识，更是为了培养学生的实际操作技能和职业素养。在这一过程中，定期评价与反馈机制的建立能够让学生更及时地了解自己的表现，发现问题，并及时做出改进。这种及时性的反馈不仅有助于提高学生的学习积极性，还能够更好地满足不同学生的学习需求，从而实现个性化发展。

定期评价与反馈机制的构建要素。为了确保评价与反馈机制的有效性，需要考虑多个关键要素。一是，确定评价的周期，确保评价的及时性。二是，设定明确的评价标准，以确保评价的客观性和准确性。同时，要综合考虑学生在理论知识和实际操作方面的表现，使评价更全面。此外，引入多元化的评价方法，如实际操作任务、小组项目等，以更全面地了解学生的能力和素养。

定期评价与反馈机制在劳动教育中的实际价值。定期评价与反馈机制不仅仅是对学生表现的一次简单评估，更是对教育质量的提升和个性化发展的一次支持。通过这一机制的建立，学生能够在短时间内获取对自己的全面了解，及时发现问题并作出调整。同时，教育机构也能够根据反馈结果及时调整教学计划，满足学生的个性化需求，提高教育的有效性。

在实际应用中，这一机制将促使学校更注重学生的个性发展，推动劳动教育向更具实践性、个性化的方向发展。学生通过接受定期评价与反馈，将更好地认识自己，形成更为全面的职业素养，为未来的职业生涯成功奠定更为坚实的基础。

2.教育者的反馈

在劳动教育中，学生的成长不仅仅依赖于他们自身的认知和反馈，教育者的参与和反馈同样至关重要。通过教育者提供的定期面谈、评价报告等方式的反馈，学生可以更全面、深入地了解自己在劳动教育中的表现，从而更好地发现自身的优势和不足，为个人发展提供有针对性的指导。

教育者的反馈在学生发展中的必要性。学生通常处于发展和成长的阶段，他们需要针对性的指导和建议，以更好地理解自己的潜力和不足。而教育者作为学生发展的引导者，通过提供专业的反馈，可以帮助学生更好地规划自己的职业道路、发现潜在的发展领域。教育者的反馈不仅仅是对学生表现的简单评价，更是对学生个性、兴趣、职业规划等方面的深度解读，有助于激发学生的学习兴趣，培养其专业素养。

教育者的反馈方式的构建要素。为了确保反馈的有效性和专业性，需要考虑多个关键要素。一是，建立明确的反馈目标，明确反馈的重点和方向。二是，选择适当的反馈方式，可以包括面谈、评价报告、电子邮件等，以满足不同学生的接受方式。同时，要确保反馈是及时的，使学生能够在实践中迅速调整。引入教育者团队，以多角度、多层次地进行评估，提供更全面的反馈。另外，要注重建立积极的沟通氛围，使学生愿意接受和理解反馈，从而更好地改进自己。

教育者的反馈在劳动教育中的实际价值。教育者的反馈不仅仅是对学生表现的简单评价，更是对学生全面发展的一次深入指导。通过及时的反馈，学生能够更清晰地了解自己的优势和不足，更好地规划个人发展方向。对于教育机构而言，通过教育者的反馈，可以更好地调整教学计划，提高教学效果，使劳动教育更加符合学生的实际需求。

在实际应用中，建立积极的反馈机制将促使学校更注重学生的个性化发展，推动劳动教育向更具实践性、个性化的方向发展。学生通过接受教育者的反馈，将更好地认识自己，形成更为全面的职业素养，为未来的职业生涯成功奠定更为坚实的基础。

二、监督机制

（一）第三方监督机构的设立

1.行业协会的参与

在高职院校的劳动教育中，为了确保教育内容与实际行业需求相匹配，建立一个由行业协会组成的监督机构显得至关重要。这样的机构将由专业人士组成，对高职院校的劳动教育进行独立、客观的评估，以确保教育体系紧密贴合实际行业的技能和素养需求。

行业协会参与劳动教育评估的必要性。劳动教育的目标之一是培养学生具备符合实际职业需求的技能和素养。行业协会作为代表特定行业利益的专业组织，其参与劳动教育评估能够保证教育内容的实用性和适应性。行业协会能够提供最新的行业趋势、技术创新和职业标准，为高职院校的劳动教育提供精准的指导，确保学生毕业后能够顺利就业。

监督机构的构建要素。为了确保评估体系的权威性和专业性，监督机构需要考虑多个关键要素。是，机构的成员应涵盖特定行业的各个领域，包括技术、管理、创新等，确保评估具有全面性。二是，明确评估的指标和标准，使其符合实际行业的要求。建立透明、公正的评估流程，确保评估的客观性和公正性。引入定期培训，以保持评估专家的专业水平，并随时适应行业的变化。同时，建立与高职院校紧密合作的机制，促使评估结果能够直接影响教育改革和课程调整。

监督机构在高职院校劳动教育中的实际价值。行业协会参与劳动教育评估的监督机构不仅为高职院校提供了更为专业和客观的评估，同时也为行业内部提供了更加合格和适应的人才。通过及时的评估和反馈，高职院校可以更灵活地调整教育体系，确保学生毕业时具备行业需要的实际技能和职业素养。对于行业而言，这种机构的存在有助于提高整体职业水平，推动行业的创新和发展。

在实际应用中，监督机构将促使高职院校更注重学生的实际能力培养，推动劳动教育向更具实用性和实践性的方向发展。高职院校通过接受行业协会的专业评估，将更好地满足行业对人才的需求，为学生的职业发展打下更为坚实的基础。

2.社会组织的介入

在确保高职院校劳动教育评价机制的公正性和客观性方面，引入独立的社会组织参与监督起到至关重要的作用。这些社会组织可以是与教育相关的非营利机构，也可以是专注于教育公平与质量的社会组织。通过他们的独立评估，可以有效确保评价机制不受学校内部和行业协会的影响，从而更好地服务学生和社会。

社会组织介入劳动教育评价的必要性。在劳动教育评价中引入独立社会组织的参与，有助于确保评价机制的独立性、客观性和公正性。学校内部可能存在一些利益关系和偏见，而行业协会可能更关注技术层面，忽视了教育的整体性。社会组织的介入可以为评价提供更全面的视角，确保评价结果真实反映高职院校劳动教育的实际情况。此外，社会组织通常有更强的公信力，他们的介入有助于提高评价的公信力和透明度。

引入社会组织的构建要素。为了确保社会组织的介入能够起到有效的监督作用，需要考虑多个关键要素。一是，选择具有教育专业知识和经验的社会组织，以确保其对劳动教育的评价具备专业性。二是，明确社会组织的角色和责任，使其能够在评价过程中真正发挥独立监督的作用。同时，社会组织的成员应当具备独立思考和公正判断的素养，以保证评价的客观性。建立社会组织与学校、行业协会之间的有效沟通机制，确保信息畅通，反馈及时。

社会组织介入的实际价值。社会组织介入高职院校劳动教育评价机制，实际上是为了维护评价的公正性和独立性，确保其对学生和社会的服务更具有实际价值。社会组织的独立评价能够为高职院校提供更客观、全面的反馈，帮助学校更好地调整教育体系，适应社会的发展需求。同时，社会组织的介入也为社会提供了一个监督高职院校的机制，确保学校不仅关注技术层面，还关注学生的全面发展。

在实际应用中，社会组织的介入将推动高职院校更加注重教育公平、提高教育质量，促使学校更好地满足社会对人才的需求。通过独立社会组织的监督，高职院校劳动教育将更好地服务学生和社会，为学生的未来职业成功提供更为可靠的支持。

（二）学生参与监督的机制

1.学生监督小组

在高职院校的劳动教育中，设立学生监督小组是一项旨在增强监督全面性的重要举措。由学生代表组成的监督小组将负责监督学校的劳动教育实施，以确保教育内容更贴近学生需求和实际情况。

　　设立学生监督小组的必要性。学生是直接参与劳动教育的主体，他们更能理解自身需求和实际情况。因此，设立学生监督小组有助于确保劳动教育真正符合学生的实际需求。学生监督小组可以提供一种独立的、基于学生视角的监督机制，通过学生的参与，促进劳动教育的持续改进和优化。

　　监督小组的构建要素。为了确保学生监督小组的有效性和专业性，需要考虑多个关键要素。一是，小组成员的选取应广泛涵盖不同专业、年级和背景的学生，以确保监督的全面性。二是，小组需要明确监督的范围和目标，明确学生监督的重点领域。建立小组成员的培训机制，使其具备足够的监督知识和技能。同时，为小组提供有效的沟通渠道，确保他们能够及时反馈监督结果和建议。最后，鼓励小组成员与学校管理层建立合作关系，形成一种共同促进教育改善的氛围。

　　学生监督小组在高职院校劳动教育中的实际价值。学生监督小组的建立不仅仅是一种监督机制，更是促进学校劳动教育改进的有效途径。通过学生的参与，监督小组能够提供实时的、直观的反馈，帮助学校更灵活地调整课程设置、教学方式和实践环节，以适应学生的需求和社会的发展。此外，学生监督小组还有助于培养学生的参与意识、团队协作能力和领导潜力，为他们未来的职业生涯做好铺垫。

　　在实际应用中，学生监督小组将促使高职院校更加注重学生的实际需求，推动劳动教育向更加学生中心的方向发展。通过学生的直接参与，监督小组将确保高职院校的劳动教育更具实用性、针对性，真正服务于学生的全面发展。

　　2.听取学生意见的机制

　　在高职院校的劳动教育中，建立定期听取学生意见的机制是一项关键性的举措。通过座谈会、问卷调查等形式，学校可以及时获取学生对于劳动教育的真实反馈和建议，从而更有针对性地进行改进。

　　建立定期听取学生意见的必要性。学生是直接参与劳动教育的主体，他们的意见和建议能够反映教育效果的真实情况。通过定期听取学生的意见，学校能够更及时地了解学生对于课程设置、教学方式、实践环节等方面的看法，有助于调整和改进劳动教育的内容和方法。此外，这种机制还能够增强学生的参与感和满意度，促使他们更积极地投入到学习和实践中。

听取学生意见的构建要素。为了确保听取学生意见的机制能够取得良好效果，需要考虑多个构建要素。一是，选择多元化的听取方式，包括座谈会、问卷调查、在线反馈等，以满足不同学生的表达习惯。二是，建立透明、公正的反馈机制，确保学生的意见得到妥善处理，并及时告知学生有关改进的实际措施。为确保听取的全面性，应该广泛涵盖不同专业、年级和背景的学生。此外，提供专业培训，确保负责听取学生意见的工作人员具备足够的沟通和解决问题的能力。

听取学生意见在高职院校劳动教育中的实际价值。听取学生意见的机制是一种有效的反馈和改进机制，可以促进高职院校劳动教育更加符合学生的实际需求。通过及时了解学生的期望和反馈，学校能够更有针对性地进行调整和改进，提高劳动教育的实效性和学生满意度。同时，这种机制也有助于建立起学校与学生之间更为紧密的沟通与互动关系，形成共同促进教育质量提升的合作氛围。

第七章　高职院校劳动教育生态体系实施路径

第一节　整体思路和策略

一、思路概述

（一）生态化思维的引入

1.生态体系理念的介绍

生态体系思维源于对自然生态系统的观察和研究，将生态系统的相互关系和平衡原则引入高职院校劳动教育体系的构建。通过生态化思维，将教育生态系统视为一个相互关联、相互依存的整体，以达到更加健康和持续的发展。

2.多方协同合作的必要性

引入生态化思维意味着强调多方协同合作，包括学校、企业、社会等多个要素的有机整合。通过各方的协同作用，构建一个相互促进、和谐发展的劳动教育体系，确保各要素间的平衡和协调。

（二）产学研深度融合

1.产学研深度融合的内涵

产学研深度融合是指学校与产业界和科研机构之间更加密切、深入的合作关系。这种合作不仅限于表面的教学实践，更着眼于共同研究项目、共享资源、推动科研成果应用于实际教育中。

2.实际项目转化与理论实践统一

通过深度融合，学校能够更好地将实际项目转化为教学内容，确保教育体系更具实用性。同时，科研机构的深度参与促使理论研究更紧密地贴近实际需求，实现理论与实践的高度统一。

二、策略制定

（一）树立正确的劳动价值观

1.学生端正劳动思想，树立正确的劳动价值观

（1）树立正确的劳动观念

学生在树立正确劳动价值观的过程中，需要形成对劳动的正面认知。这包括理解劳动与创造力的关系，认可各种形式的劳动对社会的贡献，以及将劳动视作实现自我价值的重要途径。劳动不仅仅是谋生手段，更是个人成长和社会进步的动力。

（2）引导学生树立自尊心

劳动价值观的建立也与学生的自尊心息息相关。学生在参与劳动时，应该感到自己在社会中的价值和重要性。通过认可个体在劳动中的贡献，培养学生的自信心和责任感，使其更好地融入社会并为社会发展贡献力量。

2.学生树立远大理想，脚踏实地为之奋斗

（1）理想与实际结合

学生应该树立远大理想，但理想不应脱离实际。劳动教育的目标是培养学生实际工作中所需的技能和素养。通过将个人理想与社会需求、国家发展相结合，学生能够更好地明确个人目标，并更具实践性地迈向理想。

（2）提倡脚踏实地的奋斗精神

学生在实现理想的过程中需要保持脚踏实地的奋斗精神。劳动是实现理想的手段之一，通过踏实的努力，学生能够逐渐实现自己的职业目标。强调实践，注重对技能和知识的深度理解，使学生具备更强大的实际能力。

（3）培养社会责任感

远大理想的实现需要学生具备社会责任感。通过劳动教育，学生能够深刻理解个体劳动对社会的价值，并在实践中培养责任感。理想不仅仅是个人的追

求，更需要与社会的共同利益相结合，通过劳动为社会做出积极贡献。

3.学生主动增强对劳动教育的认同感

（1）学习劳动教育理论知识

学生应主动学习劳动教育的理论知识，深入了解劳动的本质和对个体成长的影响。理论知识的学习能够帮助学生更好地认同劳动教育的价值，将理论转化为实际行动，提升个体在劳动中的素养。

（2）积极参与劳动实践

认同劳动教育需要通过实践进行。学生应该积极参与各类劳动实践活动，通过亲身经历感受劳动的魅力。通过实践，学生能够更深刻地认同劳动对个体成长的积极影响，形成对劳动的深厚认同感。

（3）自我反思与提升

学生要在参与劳动教育的过程中进行自我反思，不断提升自己在劳动中的表现。这包括对个体优势和不足的认知，通过反思不断改进自己的劳动方式，提升个人在劳动中的水平。自我反思是认同劳动教育的重要环节，通过不断地自我审视，学生能够更全面地认识自己在劳动过程中的表现，为个人成长奠定坚实基础。

（二）加强高职院校劳动教育统筹管理

1.党委领导下的校长负责制

（1）党委领导的核心作用

高职院校的劳动教育体系的建设需要在党委的领导下进行，充分发挥党委在学校领导中的核心作用。党委负责制定劳动教育的总体规划，明确发展方向、目标任务，为学校劳动教育提供战略指导。党委应当认识到劳动教育对培养学生全面发展的重要性，将其纳入学校整体发展规划中，使劳动教育成为学校各项工作的重要组成部分。

（2）校长的总责领导制度

在党委的领导下，校长负责劳动教育的总体工作。校长需要根据国家规定和党委的要求，制定劳动教育的总体规划，确保劳动教育的目标与学校整体目标相一致。同时，校长要组织各职能部门协同工作，确保劳动教育的有序推进。校长还需要加强对劳动教育师资、经费等资源的管理，保障劳动教育所需的各类资源。

（3）机制建设与规章制度

为了更好地落实党委领导下的校长负责制，学校需要建立健全的机制和规章制度。建议制定明确的高校劳动教育管理办法，详细规定各部门的职责、权利和义务。这包括劳动教育总体规划的制定机制、师资力量的配置机制、劳动教育课程体系的制定机制等。通过健全机制和规章制度，可以提高学校劳动教育的管理效率，确保各项工作的有序进行。

2.教务部门的角色与职责

（1）教学管理的主导作用

学校的教务部门在劳动教育中发挥主导作用。首先，教务部门应负责劳动教育实施细则的制定，明确学生参与劳动教育的具体流程和要求。其次，教务部门要统筹安排理论与实践的教学计划，确保劳动教育的全面性和系统性。此外，教务部门还要负责教学评价的设计与执行，通过评价结果为学校提供改进劳动教育的参考。

（2）师资力量的建设与培训

教务部门需要关注师资力量的建设与培训。为了提供高质量的劳动教育，学校需要确保有足够的、具备相关专业知识和实践经验的教师。因此，教务部门要积极推动教师培训计划，提升教师的劳动教育能力。同时，通过评估师资队伍的结构和水平，确保能够满足学校劳动教育的需要。

（3）教育体系的细化制定

在党委领导下，教务部门要参与劳动教育体系的细化制定。这包括理论与实践的课程设置、实践计划的制定等。教务部门要协同其他部门，确保劳动教育的各个环节有机衔接，形成完善的劳动教育体系。

3.学校其他部门的协同合作

（1）学工部门的学生关怀与引导

学工部门在学生管理中承担着重要的角色。在劳动教育中，学工部门需要关注学生的身心健康，提供必要的学生关怀与引导。通过心理健康教育、职业规划指导等方式，帮助学生更好地理解劳动的重要性，增强学生对劳动的积极性和主动性。

（2）各职能部门的配合

学校的其他职能部门，如后勤、图书馆、工会等，也需要配合教务部门的工作。后勤部门要提供良好的实践场地和必要的劳动工具，确保学生在实践中能够获得丰富的经验。图书馆要为学生提供相关的劳动理论与实践方面的书籍和资料。工会可以组织一些与劳动相关的活动，激发学生的兴趣和热情。各部门需要相互协调，共同推动学校劳动教育的有序开展。

（3）创新创业指导中心的支持

创新创业指导中心在劳动教育中可以发挥支持作用。通过引入创新创业元素，让学生在劳动实践中培养创新思维和创业精神。创新创业指导中心可以组织一些创业讲座、创业实践活动，为学生提供更广阔的发展空间。

（三）建立健全高职院校劳动教育课程体系

1.合理设置高职院校劳动教育课程

高职院校是培养新时代中国特色社会主义劳动大军的院校类型，如何根据新时代对技术技能人才提出的要求，探索符合高职院校特点的劳动教育模式，是全面推进劳动教育的一项重要任务。

（1）劳动教育必修课的重要性

第一，课程地位夯实。为了夯实劳动教育在高职院校的地位，学校应独立开设劳动教育必修课。这一课程应被视为公共必修课，纳入各专业人才培养方案，并赋予相应的学分。此举有助于确保学生全面接受劳动教育，使其在专业知识学习的同时，培养出色的劳动素养。

第二，课程内容和课时规范。劳动教育课程的设计需符合国家规定和学校实际。劳动教育理论学习部分，特别是有关劳动精神、劳模精神、工匠精神等专题的教育，应占据不少于16学时。此外，课程形态的规范制定也是关键，需要符合国家的课程建设要求和标准，确保劳动教育课程的质量。

第三，机构和领导小组的设立。学校应当设立劳动教育课程建设工作领导小组，由有关部门组成，负责协调和统筹劳动教育课程的建设工作。此外，为了有针对性地解决实施过程中的问题，还需要制定相关政策并确保其落地。同时，学校还应设立劳动教育教研室，负责劳动教育课程的具体组织和实施。

（2）"课程劳育"的全员参与

第一，从"三全育人"出发。"课程劳育"是一种全员参与劳动教育的理念，通过发挥各科课程的育人功能，使所有教师都能参与到劳动教育中。这有助于实现"全员"参与劳动教育，确保所有课程都能够在教学中体现劳动教育。

第二，发挥各类课程资源。各类课程都包含丰富的劳动教育资源。无论是公共基础课还是专业课，都有着不同层面的劳动教育元素，包括人文情怀、社会责任、劳动精神、工匠精神、创新精神等。每位老师都应充分挖掘所教课程中的劳动教育元素，根据课程特点进行灵活融入。

第三，融入的注意事项。在将劳动元素融入各类课程时，教师需注意几个关键点。首先，融入的内容要注重通识性，将一般知识原理与劳动价值的重要性有机结合，以潜移默化的方式影响学生。其次，要保持专业知识学习的系统性和完整性，防止为劳育而劳育。最后，采用灵活的方法，将理论融入故事，通过引发共鸣来赢得学生认同。

（3）劳动教育课程的灵活性与创新性

第一，灵活的融入方法。劳动教育课程的融入过程应采用灵活的方法。不同课程可能需要不同的融入方式，因此教师在设计课程时应考虑到这一点。通过创造性的教学方法，使劳动教育内容更生动有趣，更易于被学生接受。

第二，创新型的教学手段。为了激发学生的兴趣和培养其创新精神，劳动教育课程需要采用创新型的教学手段。例如，可以引入实践型项目、模拟仿真、实地考察等活动，使学生在实际操作中深入理解劳动的重要性和意义。创新型的教学手段有助于激发学生的学习热情，提高他们对劳动教育的认同感。

第三，利用技术手段推动劳动教育。随着科技的发展，利用现代技术手段也成为推动劳动教育创新的有效途径。例如，可以设计在线实验、虚拟实境体验等电子教学资源，以提高学生对劳动知识的理解。同时，通过社交媒体、在线平台等途径，组织学生参与劳动实践和分享经验，促进学生间的交流与合作。

第四，学科交叉与实践结合。劳动教育课程的创新也需要学科交叉的思维。通过将不同学科的知识和技能有机结合，设计具有综合性的劳动教育项目，使学生能够在实践中全面发展。例如，可以将工程类专业的学生与文学类专业的学生合作开展跨学科项目，培养学生的综合素养。

第五，学生参与课程设计。为了更好地满足学生的需求和提高他们的学习积极性，学生可以参与劳动教育课程的设计。通过征集学生的意见、建议，了解他们对劳动教育的期望和需求，调整和改进课程设置。学生参与课程设计有助于使课程更贴近学生的实际情况，提高学生对课程的投入程度。

2. 贯彻高职院校劳动教育的内容要求

（1）以日常生活中劳动为基础

第一，学生日常生活劳动的融入。在劳动教育的内容要求中，学生日常生活劳动是培养劳动习惯的基础。学校可通过劳动周的形式，组织学生参与校园内的卫生清洁与维护工作。例如，园林专业的同学可以承担美化校园的任务，从而培养学生对环境卫生的责任心和团队协作能力。

第二，社会公德工的劳动的组织。劳动教育还应注重社会公德工的劳动的组织。学校可组织学生参与垃圾分类、植树活动等，培养学生对社会的责任感。此外，引导学生分担日常家务劳动，促使他们养成独立自主的品格，将劳动与个人生活紧密结合，使学生逐步形成爱护工具、节约材料的意识和珍惜劳动成果的态度。

（1）以生产性劳动为核心

第一，与专业发展相适应的生产性劳动技能培养。劳动教育应遵循劳动教育的基本要求，加强与社会经济发展相适应的生产性劳动技能的培育。为此，高职院校可开展校内外实习实训，使学生在生产实践中参与劳动。通过现代学徒制、顶岗实习等形式，学生能够在生产现场中运用所学知识，提高职业技能水平。此外，学校还可以开展技术大比武、参加职业技能比赛等活动，鼓励学生在实践中锻炼和提升专业技能。

第二，专业前沿知识的培训与学术活动。为了适应新时代的发展，劳动教育内容还需包括专业前沿知识的培训。学校可组织专业讲座、科技访学等活动，使学生了解相关领域的最新动态。此外，高职院校还可通过"二课堂"等平台，开展劳动创新实践，让学生在实际项目中运用专业知识，促进理论与实践的有机结合。

（3）以服务性劳动为重点

第一，服务型劳动的培养。由于社会经济发展的变化，服务业在就业市场中的比重逐年上升。因此，高职院校应重视学生服务意识的培养。学校可以通过校内服务性劳动，如公共卫生清洁、后勤管理等，培养学生服务意识和责任感。勤工助学的服务性工作也是培养学生服务意识的有效途径，通过参与这些服务性工作，学生不仅能提高自身综合素质，还能更好地适应"服务经济时代"的需求。

第二，参与社会实践和公益服务。高职院校还应鼓励学生参与社会实践和公益服务。这包括社会调查、志愿者服务等活动，通过这些服务性劳动，学生能够增强对社会的认同感和责任感。同时，参加校外公益服务劳动，运用专业技能为社会、为他人提供相关公益服务，有助于强化学生的公共服务意识和家国情怀。这种服务性劳动不仅有益于学生个体的全面发展，也为社会贡献出一份力量，体现了高职院校的社会责任。

第三，劳动实践中的职业技能提升。在劳动实践中，高职院校还应加强对学生职业技能的培养。通过参与劳动实践，学生能够将理论知识转化为实际操作技能，提高职业素养。实习实训、技术大比武等形式的活动，能够激发学生的学习热情，培养其在职场中竞争的能力，为顺利就业奠定基础。

第二节　目标设定与实施计划

一、目标设定

（一）整体目标

1. 整体目标的背景

在新时代，社会经济结构的不断变革和科技的快速发展对高职院校的劳动教育提出了更高的要求。全球化和信息化的浪潮下，行业需求迅速演变，职业发展的途径日益多元化。这种背景下，高职院校必须更加灵活和敏锐地适应社会的发展，培养适应未来职业环境的高素质人才。

（1）产业快速发展和变革的挑战

随着产业的快速发展和变革，各行各业对人才的需求也在不断调整。传统的职业技能已经不能满足现代职业的复杂需求，而全面素质的培养成为高职院校劳动教育的迫切任务。新兴产业的崛起和技术的飞速发展要求学生具备更广泛的知识面和更灵活的应变能力。整体目标的设立旨在应对这一挑战，使高职院校的劳动教育更具前瞻性和实用性。

（2）提高学校的劳动教育水平的紧迫性

随着社会对人才需求的不断提升，高职院校劳动教育水平的提高成为学校和学生共同关心的焦点。提高劳动教育水平不仅仅关乎学生的个人发展，更关乎学校在教育领域的声誉和竞争力。整体目标的确立旨在通过构建更加灵活、实用的劳动教育体系，从而提高学校在培养高素质人才方面的竞争力。

在上述背景下，整体目标旨在构建一套适应新时代需求的劳动教育体系。这个体系应该是灵活的，能够迅速调整课程和教学方法以适应行业的发展变化；是实用的，注重培养学生实际工作所需的专业技能和综合素质，使其能够顺利融入职业生涯。整体目标的设立不仅关乎学校的办学方向，更关系到学生的未来发展。

2.整体目标的具体内容

高职院校劳动教育生态体系的整体目标包括：

（1）劳动教育模式建设

首先，对当前高职院校的劳动教育模式进行全面深入的分析。了解各学科领域的实际需求和产业发展趋势，评估现有劳动教育模式的灵活性和实用性，识别存在的问题和不足。

其次，引入新颖的劳动教育理念，注重培养学生的实际动手能力和解决实际问题的能力。结合先进的产业工艺和技术，构建具有前瞻性和创新性的劳动教育模式，以适应未来职业发展的需要。

再次，建立与行业密切对接的劳动教育模式，确保课程内容符合行业标准和实际用工需求。强调实践导向，通过实习、实训等方式，让学生在真实工作场景中运用所学知识，提高他们的实际操作水平。

最后，充分利用信息技术，将劳动教育模式与数字化技术融合，构建在线学习平台、虚拟实验室等，为学生提供更灵活、便捷的学习环境。借助先进技术手段，实现劳动教育的创新和升级。

（2）学生综合素质培养

首先，重视学生在专业领域的技能培养，根据不同专业的要求设定具体的技能标准。强化实际操作和实践环节，使学生在毕业后能够熟练运用所学专业知识。

其次，除专业技能外，注重学生综合素质的培养。设计综合素质课程，包括创新能力培养、团队协作等，以提高学生在工作中的综合竞争力。

再次，强调培养学生的职业道德和社会责任感，通过案例分析、实际项目参与等方式，引导学生形成正确的职业态度和价值观。

最后，倡导个性发展，为学生提供个性化的培养方案，引导他们在劳动教育中找到自己的兴趣所在。同时，鼓励自主学习，培养学生在不断变化的职业环境中具备自我学习和适应能力。

（3）提升学校劳动教育水平

首先，整合校内外教育资源，与企业、行业协会建立紧密联系，共享实践经验和先进教学资源。通过合作，提升学校劳动教育的教学水平和实践能力。

其次，加强劳动教育师资队伍的培训和建设。注重引进有实际工作经验的教育者，提高教师的实践能力和行业洞察力，以更好地指导学生的职业发展。

最后，及时更新劳动教育的实践设施，引入先进的技术和设备，以确保学生接触到最新的产业技术和实际工作环境，提高他们的适应能力。

（二）具体指标

1.学生实践能力提升

为实现整体目标，需要明确以下具体指标：

（1）实际操作技能提升

首先，通过调整课程设置，确保劳动教育课程注重实际操作。增加实验课程、实地考察以及产业实习，使学生能够在真实场景中运用理论知识，提高其实际操作技能。

其次，深化和创新实践项目。通过与企业合作，设计具有挑战性和实际应用性的实践项目，促使学生在项目中不断提升实际操作技能，并逐步适应职业领域的需求。

指导教师应该拥有丰富的实践经验，通过与学生分享实际工作中的案例和经验，引导学生更好地理解理论知识与实际操作的结合，激发他们的学习兴趣。

（2）团队协作能力培养

首先，通过项目合作强化团队协作。将学生组织成小组，参与真实项目，让他们在合作中学会有效沟通、分工协作，提升团队协作的能力。

其次，提供跨学科团队协作的机会。通过跨专业的项目设计，促使学生与不同专业的同学协同工作，培养他们在跨领域团队中的协作意识和能力。

定期组织团队建设活动，培养学生的团队凝聚力和合作精神。通过团队拓展训练、团队建设游戏等方式，加强学生在团队中的协作和沟通技能。

（3）问题解决能力训练

首先，深入应用案例分析。在劳动教育中引入实际案例，通过分析解决实际问题的案例，培养学生的问题识别和解决能力。

其次，设计模拟演练环节。模拟真实职场场景，让学生在模拟中解决各种实际问题，培养其在压力下迅速决策和解决问题的能力。

将学生置于问题导向的学习任务中，要求他们通过独立思考和合作探讨解决问题。这种学习方式能够锻炼学生主动学习、分析问题和解决问题的能力。

2.与企业深度合作项目数量

（1）企业合作项目数增加

首先，设定明确的逐年增加目标。通过制定每年与企业深度合作的项目数量的具体目标，确保学校的劳动教育能够与实际产业需求更加紧密的结合。

其次，建立行业对接机制。与各个行业建立稳固的联系，了解不同行业的发展趋势，以便更有针对性地开展合作项目。行业对接机制的建立有助于确保合作项目的实际需求性和有效性。

进行市场调研和需求分析，深入了解企业对于劳动教育的实际需求。根据市场调研的结果，有针对性地开发符合企业需求的合作项目，提高与企业的深度合作项目的数量。

（2）合作项目质量提高

首先，明确项目目标。确保合作项目设定明确的目标，包括学生技能提升、实际问题解决等方面。目标的明确性有助于提高合作项目的实际效果。

其次，建立有效的效果评估与反馈机制。通过定期对合作项目进行绩效评估，了解项目的实际效果，获取学生和企业的反馈意见，及时调整和改进合作项目，提高其质量。

重点关注学生在合作项目中的参与度。通过设立有效的激励机制，鼓励学生积极参与合作项目，确保项目的实际效果对学生的职业发展有实质性推动作用。确保专业导师的积极参与指导。专业导师应与企业保持密切联系，全程参与项目的实施过程，为学生提供专业性的指导，确保合作项目能够真正满足企业需求。

（3）最终目标的全面达成

通过逐年增加与企业深度合作的项目数量以及提高合作项目的质量，学校将更好地服务学生的职业发展。增加合作项目的数量意味着学校能够覆盖更广泛的产业领域，提供更多实际经验。同时，提高合作项目的质量保证了学生在项目中能够真正提升实际操作技能，培养团队协作和问题解决能力。

3.社会服务项目参与

（1）社会服务项目数设定

首先，建立年度社会服务项目计划。确定每年学校将参与的社会服务项目数量和类型，涵盖不同领域，以确保服务的广泛性和全面性。

其次，制定项目选择的策略。结合学校的专业特色和学科优势，选择与之匹配的社会服务项目，以确保学校的参与更有针对性和实际效果。

建立社会服务项目的评估与调整机制。定期对社会服务项目进行评估，了解项目的实际效果和社会影响，及时调整计划，确保服务项目的数量和质量都在不断提升。

（2）学生社会责任感提升

首先，通过课程设置培养学生的社会责任感。在学校的课程中融入社会责任感培养的内容，引导学生思考社会问题、参与社会实践，为参与社会服务项目奠定理论基础。

其次，提供丰富的社会实践机会。通过学校组织的社会服务项目、志愿活动等，为学生提供参与社会实践的机会，并通过导师指导和引导，培养学生对社会问题的深刻认识。

注重培养学生的实际服务能力。通过参与社会服务项目，使学生了解社会需求、锻炼解决问题的能力，提高其在实际服务中的表现和影响力。

建立学生社会责任感的评估与反馈机制。通过学生参与社会服务项目后的反馈、社会反馈等方式，了解学生在服务过程中的表现，为学生提供指导和改进的机会，确保社会责任感的提升是实际而有力的。

（3）最终目标的全面达成

通过年度社会服务项目计划的设定和学生社会责任感的提升，学校将能够全面实现整体目标。社会服务项目数量的设定保证了学校在服务社会方面有计划地、有针对性地开展活动。而学生社会责任感的提升，则是学校社会服务的核心动力，使学校培养出更加负责任和有担当的人才。

通过以上多层次、多方面的努力，学校不仅在社会服务方面发挥了积极作用，也为学生的全面发展和职业发展提供了强有力的支持。

二、实施计划

（一）高职院校劳动教育教学模式的应然状态

1.提升劳动教育的实践性

（1）劳动教育理论基础的深化

在提升劳动教育的实践性方面，首先要深化劳动教育的理论基础。陶行知的"教做合一"理论强调实践在教学中的核心地位，高职院校应深入挖掘这一理论，明确"做"在劳动教育中的作用，并将其贯穿于整个教学体系。

劳动教育要注重实践的目的性和实际性。明确劳动教育的目标是培养学生的劳动观念、劳动习惯和劳动精神，使他们能够在实际工作中掌握实用的劳动技能。教学内容应紧密结合实际职业需求，确保学生通过劳动教育真正能够应对职场挑战。

（2）实习实训的充分发挥

进一步提升实践性的关键在于充分发挥实习实训的劳动教育功能。高职院校应借助产业合作、企业合作，为学生提供更丰富的实习实训机会。通过与企业的深度合作，学生能够在真实工作场景中融入劳动实践，从而更好地培养实际操作技能。

实习实训过程中，教师要充当导师的角色，引导学生深入理解劳动的本质，培养他们对工作的热爱和责任感。实践中的问题和挑战也是学生实际成长的过程，通过充分发挥实践的教育作用，劳动教育能够更好地融入学生的学习经历。

2.加强"工程化"的劳动教育实践载体的建设

（1）企业合作的深度整合

实现"工程化"的劳动教育实践需要加强与企业的合作。高职院校应深度整合产业资源，与企业建立战略合作关系，共同办立"工程实践"基地。这样的基地不仅是学生实践的场所，更是学校与企业深度融合的平台。

通过与企业的合作，学生能够更直接地感受到职业氛围，加速适应职业环境的过程。同时，高职院校要积极争取政策支持，推动产教融合，使实践载体更好地发挥作用。

（2）产教融合政策的充分利用

充分利用产教融合政策，促进企业与高职院校的深度合作。政府鼓励企业参与高职劳动教育的政策支持，为高职院校提供更多的合作机会。学校要灵活运用这些政策，与企业建立更紧密的关系，形成互惠共赢的合作模式。

3.加强劳动教育与创新创业的结合

（1）创新创业能力的培养

劳动教育应与创新创业有机结合。适应科技发展和产业变革，劳动教育要注重培养学生的创新创业能力。创新创业是创造性劳动的核心，高职院校要通过劳动教育，引导学生在实际工作中不断创新，提升其创造性劳动能力。

在劳动教育中引入创新创业的元素，例如开设创业实践课程、组织创业比赛等，为学生提供更多锻炼创新思维和实际创业的机会。

（2）产业变革与劳动新形态

考虑到产业变革和劳动新形态的出现，劳动教育要紧密关注新兴产业的发展趋势，调整教学内容和形式。例如，可以引入先进的生产技术，让学生更好地适应未来劳动市场的需求。

（3）创新创业教育的全过程整合

创新创业教育需要全过程地整合。不仅要关注课堂教学中的创新创业培养，还要在实践实习、产业合作等环节中强化对学生创新创业能力的培养。通过整合全过程的教学，使学生在整个学习过程中都能感受到创新创业的氛围。

（二）探索劳动教育 EPIP 模式

EPIP 是工程、实践、创新、项目四个英文单词首字母的缩写。EPIP 教学模式，即"工程实践创新项目"教学模式（以下简称 EPIP），是以实际工程项目为导引，以实践应用为导向，以创新能力培养为目标，以项目实践统领的应用型技术技能人才培养新途径。EPIP 模式是结合中国实际，应对未来产业变革而进行的教学改革与创新，符合新时代对应用型技术技能人才的要求。目前 EPIP 在职业教育领域应用广泛，且通过案例研究表明 EPIP 教学模式的可行性、创新性和有效性。

1.bEPIP 模式的概念与理论基础

（1）EPIP 模式概述

EPIP 教学模式是一种以实际工程项目为导引的应用型技术技能人才培养新途径。通过工程、实践、创新、项目四个关键要素的有机结合，旨在培养学生实际操作技能、提高职业素养、激发创新能力。

EPIP 模式强调将课程设计模块化，以项目为单位进行教学，使学生能够在真实工程实践中应用所学知识，通过项目完成的过程中提升实际工作所需的专业技能。

（2）EPIP 模式的理论基础

EPIP 教学模式借鉴了陶行知的"教做合一"理念，将实际工程项目与教学有机结合，使学生在实践中学习，理论与实际相辅相成。

EPIP 模式同时注重学生的创新能力培养，符合新时代对应用型技术技能人才的要求。通过项目实践，学生能够在真实场景中进行创新，体验创造性劳动的过程。

2.高职院校劳动教育存在的问题与 EPIP 模式的解决途径

（1）问题一：脱离真实生活，只"看"不"做"

EPIP 模式对此问题的解决途径在于强调"真实"这一关键词。通过工程实践项目，学生能够亲身参与真实的生产生活情境，从而建立理论与实践的紧密联系。

EPIP 教学模式的课程设计和实施都要来自真实的生活世界，使劳动教育更贴近学生的实际需求和职场挑战。

（2）问题二：过于强调实践，"只劳不育"

EPIP 模式在实践中注重"理实一体"，即劳动教育实践中融入理论知识。通过项目的实践过程中，学生不仅动手实践，还要理解背后的劳动理论知识。

EPIP 模式倡导全面的劳动教育，既注重学生的实际操作技能，也强调劳动背后的理论知识，使学生在实践中更全面的发展。

（3）问题三：回避时代挑战，脱节产业升级和社会变迁

EPIP 模式是面向未来产业变革的教学创新。通过项目实践，学生能够更好地适应产业升级和社会变革，培养适应未来职业环境的能力。

EPIP 教学模式强调创新和项目实践的结合，使学生具备面对时代挑战的能力，更好地融入社会发展的潮流。

3. 劳动教育 EPIP 模式的关键特点

（1）工程化的劳动教育

EPIP 模式中的"工程化"强调让学生进入真实的生产生活情境，面对真实存在的问题，满足真实的需求，建立自身与真实生活之间的联系。

EPIP 模式的课程实施过程是为了帮助学生提高劳动技能、职业技能，内化形成劳动素养。实践性的工程化劳动教育使学生在真实的劳动场景中应用知识，不仅强调"做"而非仅仅"看"，也确保学生能够真实地体验劳动过程，从而更好地适应未来职业发展需求。

劳动教育"工程化"的实施主体、设计环节、活动内容都来源于真实的生活世界，使学生在课程中体验到真实的劳动过程，增强了他们对实际工作的理解。

（2）实践性的劳动教育

EPIP 模式中实践型的劳动教育追求理论与实际相结合，不仅要求学生在课堂上学到的知识能够应用于实际，还注重学生在真实场景中的实践应用。

教学实践既包括学校课堂上模拟的劳动情境进行演示，也包括通过真实的

劳动实践基地进行实践。学生通过参与实际工作，不仅锻炼了技能，也培养了实际问题解决能力。

（3）创新性的劳动教育

EPIP 模式注重培养学生的创新能力。在项目实践过程中，学生不仅要熟练掌握已有的知识和技能，还需要在实际工程中进行创新，提出解决问题的新方法和思路。

创新型的劳动教育使学生具备面对新问题、新挑战时的适应能力，培养了他们的创造性思维和实际解决问题的能力。

（4）项目式的劳动教育

EPIP 模式采用项目式的形式进行劳动教育。课程设计以项目为单位，通过模块化的结构，将不同领域的活动转化为学习的模块。

项目式的劳动教育有助于学生更好地理解不同领域的特点和要求。通过参与不同项目，学生能够全面了解劳动的多样性和复杂性。

4.EPIP 模式对高职劳动教育的启示

（1）教育理念更新

高职院校劳动教育需要更新教育理念，从传统的"看"为主转变为"做"为主。EPIP 模式为教育理念的更新提供了有力的支持，倡导学生在实际项目中动手实践，培养实际操作技能。理论与实践相结合，强调项目式的劳动教育，有助于学生更好地理解和应用所学知识，使劳动教育更符合新时代对应用型技术技能人才的培养要求。

（2）课程设计优化

EPIP 模式强调模块化的结构，有利于优化课程设计。高职院校可以借鉴 EPIP 的模块化思想，将劳动教育课程设计为具有明确目标和实际应用的模块，提高学生学习的针对性和实用性。

模块化结构还有利于课程的个性化定制，根据学生的兴趣和特长进行差异化的培养，使每个学生都能够在实际项目中找到适合自己发展的方向。

（3）产学合作深化

EPIP 模式强调与企业深度合作，建立项目实践基地，为学生提供真实的工程场景。高职院校应进一步深化与企业的产学合作，搭建更多的实践平台，确保学生能够在实际项目中进行深度实践。

产学合作的深化有助于劳动教育更好地对接行业需求，确保学生所学知识和技能能够与实际工作紧密结合，提高毕业生的就业竞争力。

高职院校劳动教育的改革需要紧跟时代潮流，积极探索符合新时代要求的教学模式。EPIP 模式通过工程、实践、创新、项目的有机结合，为高职院校劳动教育提供了一条全新的路径。

（三）提升劳动教育支撑保障能力

1. 加强劳动教育师资队伍建设

配足、配齐、配好劳动教育师资队伍是有效开展劳动教育的前提和保障。学校应当建立一支数量充足、专职为主、专兼结合的劳动教育师资队伍，

（1）专职劳动教育教师团队建设

引进高素质教师：建立专职劳动教育教师团队，重点引进高素质、高水平的专职劳动教育教师，确保队伍的专业性和实践经验。

专职教师负责：设立专职劳动教育教师，使其专门负责学校的劳动教育，从而确保劳动教育的深度和专业性。

（2）教师培训与交流

定期培训全体教师：学校应定期对全体教师进行培训，特别是对劳动教育专任教师进行专业化培训，提高他们的教学水平和实践经验。

产学合作培训：充分利用高职院校与行业、企业开展校企合作的优势，组织教师进入企业进行学习，邀请企业专业人员为学校教师举办讲座，促进教师更好地了解产业需求和发展趋势。

（3）大师工作室建设

设立劳模工作室：创建劳模工作室，聘请各行各业的劳动楷模，担任劳动实践指导教师，为学生提供真实的职业导向。

技能大师工作室：建立技能大师工作室，邀请技能大师担任指导教师，使学生在实际工作中能够学到行业内最前沿的技能和经验。

工匠大师工作室：设立工匠大师工作室，聘请大国工匠等劳动典范，为学生提供高水平的工匠指导，促进技艺的传承与发展。

（4）教师激励机制

绩效考核与评价：将劳动教育成效纳入教师年度绩效考核，确保教师的工作能够与学校的劳动教育目标紧密连接。

职称评审：在职称评审过程中，将开展劳动教育的教师的工作纳入评审范围，促进教师的专业发展。

评优评先：设立劳动教育教师评优评先制度，对在劳动教育方面做出卓越贡献的教师给予嘉奖和奖励，激励其积极性和创造性。

高职院校劳动教育师资队伍建设是劳动教育发展的重要保障，对于提高劳动教育质量和水平具有重要意义。通过专职队伍建设、师资培训、大师工作室建设和激励机制的建立，可以形成一支高素质、实践经验丰富的劳动教育师资队伍，推动劳动教育与产业、企业深度合作，使劳动教育更好地服务学生的职业发展。在劳动教育师资队伍建设的过程中，应该注重与时代发展和产业变革的紧密结合，不断调整和优化队伍结构，以适应未来高职院校劳动教育的需求。

2.开发高职院校劳动教育教学资源

高职院校劳动教育教研组的建立是劳动教育教学资源开发的首要步骤。该组织应由具有劳动教育专业素养的一线教师组成，涵盖各个相关专业领域。教研组的任务是深入研究新时代劳动教育的理论与实践，结合本校人才培养方案和专业特点，形成符合实际需要的劳动教育教学理念。定期组织研讨、座谈，以促进教师们对劳动教育的共识和理解。

（1）研发新时代特征的劳动教育教材

在教研组的指导下，一线教师参与研发新时代特征的劳动教育教材。这包括理论篇和实践篇，旨在全面覆盖学生所学专业的相关知识和实际操作技能。理论篇应当融入新时代劳动理念、科技发展趋势等前沿内容，而实践篇则应注重与实际产业需求相结合，体现劳动教育的实用性。教材的编写要紧密结合本校的专业特色，使其更贴近学生实际学习需求。

（2）充分利用国家教学资源库

自主建设国家精品资源共享课和国家教学资源库是劳动教育教学资源开发的关键一环。学校可以通过分享自己研发的优质教材、教学案例等，同时获取其他高校和机构的资源，形成共享机制。这有助于提高劳动教育教学水平，促进各校之间的教学资源交流和合作。

（3）提供多样化的学习资源

劳动教育教学资源应该多样化，以满足不同学生的学习需求。学校可以开发学习指南、微课、交互式动画、视频、游戏、电子相册等多种形式的资源。这样的多元化资源既能够满足学生对知识的不同学习偏好，又能够激发学生的学习兴趣，提高教学效果。

3.搭建多方实践平台

高职院校应极力打造满足劳动实践的校内实践基地和校外实践场所。

首先，积极开辟校内劳动教育实践基地。高职院校应当在校内积极开辟专门的劳动教育实践基地，以满足学生对劳动技能和劳动精神的培养需求。这个基地不仅仅是传统的实训场所，更应当成为学生全面发展的平台。在基地建设中，首先需要明确基地的定位和功能，确保其能够提供符合专业要求的实践环境。例如，对于海运职业学院而言，可以建立船舶模拟实训场地，让学生亲身体验海员的工作环境。

其次，拓展校外劳动教育实践场所。除了校内基地，高职院校还应充分发挥校企合作的作用，拓展校外的劳动教育实践场所。与企业、工厂、农产品等资源进行深度合作，为学生提供更广泛、更真实的劳动实践机会。学生可以参与企业的实际生产工作，亲身体验职业环境，提高实际工作技能。同时，通过联系社区、福利院、养老院等社会机构，组织学生进行服务性劳动，培养学生的社会责任感和团队协作能力。

再次，根据国家政策建设。高职院校在劳动教育实践基地建设过程中，应当充分考虑国家对劳动教育的相关政策要求。这包括但不限于建设劳动教育实践基地的标准、规范、经费支持等方面的要求。通过与国家政策相结合，高职院校可以更好地规划和推进实训基地的建设，确保其符合国家对劳动教育的发展方向和要求。

最后，建立全面的实践平台。为了更好地推进劳动教育，高职院校应建立一个全面的实践平台。这个平台不仅包括校内校外的实践基地，还可以整合线上线下的资源，提供全方位的实践机会。通过搭建这样一个平台，学生可以在不同领域、不同层次的实践中获取丰富的经验，培养综合素质和实际工作能力。

（四）完善高职院校劳动教育评价体系

1.建立学校劳动教育督导评价体系

首先，教育环境评价。在建立高职院校劳动教育督导评价体系时，首要考虑的是学校的教育环境。这一评价包括对高职院校的产业环境、目标定位和学校实力的全面考察。产业环境评价需要关注学校所在地的产业结构，确保学校的劳动教育与当地产业需求相契合。目标定位评价要求学校明确自身的劳动教育目标，包括培养学生的专业技能和劳动精神。学校实力评价则需要考察学校的整体实力，包括基础设施、师资力量等，确保劳动教育有足够的支持。

其次，教育资源评价。劳动教育的有效实施离不开充足的教育资源。评价体系中，对教育资源的评估主要包括学校的师资投入、劳动教育经费投入和组织保障。师资投入评价需要关注专职劳动教育教师的数量和质量，以及兼职师资的支持情况。劳动教育经费投入评价需要确保学校对劳动教育的经费投入与其目标相匹配。组织保障评价关注学校对劳动教育的组织安排和管理体系，确保教育资源的有序利用。

再次，劳动过程评价。劳动教育的核心在于实践过程，因此评价体系中需要充分考察劳动过程的情况。这包括对学校劳动教育课程的开设情况、劳动教育场所是否充足以及学生劳动技能的培养。劳动教育课程的开设情况评价需要确保涵盖了学生所学专业的实际需求，劳动场所评价则需要关注实践环境的真实性和有效性。培养学生劳动技能评价要求学校能够通过实际的劳动过程，使学生掌握实际工作所需的专业技能。

最后，教育成果评价。劳动教育最终的目的是培养学生的综合素质，因此评价体系中必须包括对教育成果的全面评估。这包括学生素养的提升、劳动教育效果和劳动教育的社会效益。学生素养的提升评价要求学校通过劳动教育使学生在专业技能和综合素质上都有所提升。劳动教育效果评价关注学校的劳动教育是否达到了预期的效果，包括学生对劳动的态度、技能水平等方面。劳动教育的社会效益评价需要考察学校的劳动教育对社会的贡献，包括是否满足了产业的需求，是否促进了社会的可持续发展。

2.建立教师教学质量评价体系

首先，制定硬性劳动教育要求。高职院校应明确对不同岗位教师的劳动教育要求，确保劳动教育融入日常教学。对教师的评价不仅应包括课程计划的合理性，还需要考察教案设计、教学方法和学生成绩等要素。具体而言，要对课程计划实施的进度进行评估，确保与计划一致，同时重点关注教学效果，评估学生习得劳动知识和技能的情况是否达到预期目标。

其次，建立多元评价主体。建立学校、教师、学生组成的多元评价主体是教师劳动教育质量评价体系的关键。教师自评和同行老师的互评可以为评价提供不同角度的视角。教师自评能让教师反思自己的教学过程，发现问题并寻找改进之路。同行老师互评则可以借鉴其他教师的成功经验，促进教学水平的共同提高。学生的评价也应被纳入考虑，因为他们是直接受益者，可以提供宝贵的反馈。

再次，将劳动素养作为评价维度。将教师的劳动素养纳入评价维度，是对教学质量全面评估的必要步骤。劳动素养的评价可以从教师对实际工作的理解程度、对职业操守的遵循、对行业发展趋势的把握等方面进行。这将有助于形成更具实际导向的教学理念，确保教师在劳动教育中不仅仅传递知识，更能培养学生实际应用能力。

最后，与职称评定、晋升晋级挂钩。为了真正推动劳动教育在高职院校中的落地，将劳动素养与职称评定、晋升晋级挂钩是关键一环。这样的设计能够激励教师更加积极地参与劳动教育，提升其自身的劳动素养水平。同时，对于学校来说，这也是确保劳动教育实施的一种内在机制，有助于形成长效的劳动教育体系。

3.建立学生劳动素养评价体系

首先，将劳动素养融入学生综合素质评价。高职院校应将劳动素养纳入学生的综合素养评价体系中，确保劳动价值观、劳动知识、劳动能力、劳动习惯和品质成为评价学生的重要因素。这可以通过设立相应的评价指标，从多个角度全面衡量学生在劳动教育中的表现。具体而言，劳动价值观的评价可以关注学生对正确劳动观点的认识和体现出的积极态度；劳动知识的评价可以涵盖专业知识、劳动安全知识、劳动法规等方面；劳动能力的评价应关注技能水平、人际交往、问题解决和创新能力；而劳动习惯和品质的评价则关注学生的行为举止和对劳动成果的态度。

其次，建立多维评价和重点评价相结合的标准。劳动素养评价标准应该具备多维度的特征，从而能够全面了解学生在劳动教育中的发展情况。评价体系应重视各个维度的均衡发展，确保不偏废任何一方面。同时，可以在评价标准中设立重点，强调对关键能力的培养和考核。这有助于学生全面发展的同时，更加突出劳动素养在评价中的重要性。

再次，教师评价与学生评价相结合。在建立劳动素养评价体系时，既要充分借鉴教师对学生的评价，也要引入学生自评。教师评价可以从专业视角对学生进行全面的评估，而学生自评则有助于学生对自身劳动素养的认识和提升。通过教师和学生的评价相结合，可以更全面客观地了解学生在劳动教育中的表现。

最后，定性与定量评价相结合。在劳动素养评价中，除了定量评价外，还应注重定性评价。定量评价可以通过数据量化学生在不同方面的表现，而定性评价更注重学生的实际动作和态度。通过这两者的结合，评价体系更能真实的反映学生在劳动教育中的全貌。

通过以上办法，高职院校可以建立科学合理的学生劳动素养评价体系，有助于更全面地了解学生的劳动素养发展情况，从而进一步提升劳动教育的质量。

第三节　阶段性目标的落实与评估

一、阶段目标设定

（一）一年目标设定

1.生态体系建设启动与推动

（1）基础框架的确立

在第一年内，要确保建立生态体系的基础框架。这包括对整体体系的结构设计、关键要素的明确定义以及各部分之间的协同关系等方面进行详细规划。

（2）责任分工明确

为了有效推动生态体系建设，需要在第一年内明确各相关方的责任分工。包括学校领导、教师团队、企业合作伙伴等在生态体系建设中的具体职责，确保各方明确任务，协同推进。

（3）实施计划的拟定

制定详细的实施计划是生态体系建设的关键一环。第一年内，要确保对整体实施计划进行仔细规划，明确时间节点、任务目标、执行步骤等，以确保推动工作有序进行。

2.开展劳动教育课程创新

（1）课程内容先进理念的引入

推动劳动教育课程创新需要引入先进的理念和实践。第一年内，要确保将新颖的、与时代潮流相符的理念融入课程内容中，以提升教学的前沿性和实际性。

（2）实质性的劳动经验

劳动教育课程的创新应当注重学生实质性的劳动经验。在第一年内，要通过实践性的教学设计，确保学生在课程中能够获得真实、可操作的劳动经验，提高实际技能水平。

3.企业合作基础

（1）建立合作框架

第一年的目标是确立企业合作的基础框架。这包括明确合作形式、内容和目标，为后续深度合作奠定基础。

（2）两项实质性合作项目初步启动

在第一年内，至少要启动两项实质性的合作项目。这可以是与企业合作的实训项目、共建实验室等，确保学生在真实的工作场景中参与实际劳动，增强实践能力。

通过明确而翔实的目标设定，第一年的任务将更具可操作性和实质性，为整个劳动教育生态体系的建设打下坚实基础。

（二）三年目标设定

1.善生态体系框架

（1）组成部分的完善

在三年内，要着重完善生态体系的各项组成部分。确保教育、实践、企业合作等方面有机结合，形成有机、协同的生态体系，以更好地实现劳动教育的综合目标。

（2）协同工作机制的建立

在这个阶段，需要建立更为有效的协同工作机制。通过明确各组成部分的职责，推动教育、实践和企业合作等环节协同工作，确保生态体系内部的各要素能够相互促进，形成良性循环。

（3）内外部环境的优化

优化生态体系的内外部环境，包括改善学校内部的教育资源配置，以及加强与外部社会、产业的联系。确保生态体系在适应外部变化的同时，内部各部分也能更好地适应和支持彼此。

2.化劳动教育课程

（1）课程内容深化

在三年内，要进一步深化劳动教育课程内容。引入更多实际案例和项目，以贴近实际工作场景，提升学生的实际操作技能。确保课程内容更贴合行业实际需求，使学生在课程中获得更为全面的劳动教育。

（2）项目式教学模式的推广

推广项目式教学模式，通过实际项目的设计和实施，使学生更好地应用所学知识，培养解决实际问题的能力。确保劳动教育课程不仅仅是理论的传递，更要成为实际技能的提升平台。

3.企业合作范围

（1）深度合作项目的建立

在三年内，要进一步拓展企业合作范围。与更多行业建立深度合作，包括实训项目、联合研发等。确保学生能够在真实的产业环境中参与劳动实践，提高产业融合水平。

（2）校企合作模式的创新

探索创新校企合作模式，建立更为紧密的合作机制。可以通过共建实验室、企业导师制度等方式，加深学校与企业之间的合作，使之更具深度和广度。

通过实施以上目标，将使劳动教育生态体系更趋于完善，为学生提供更为全面的劳动教育，使其更好地适应社会需求。

（三）五年目标设定

1.生态体系全面运行

（1）环节有机衔接

在五年内，着力实现生态体系各个环节的有机衔接。通过不断优化和调整，确保教育、实践、企业合作等方面形成持续推动的良性循环。建立完善的数据反馈系统，及时了解各环节的运行情况，为体系的优化提供科学依据。

（2）循环推动机制

强调建立循环推动机制，使得每个环节都能为其他环节提供支持和动力。通过对学生在企业实践的表现进行评估，反哺教育体系，调整课程设置和教学方法。形成生态体系内部相互促进的关系，推动整个体系向更高水平发展。

（3）社会反馈与改进

建立社会反馈机制，与企业、社会机构建立紧密联系。每年定期进行社会满意度调查，收集各方面的意见和建议，为生态体系的改进提供参考。

2.教育体系成熟

（1）全面发展目标

在五年内，使劳动教育体系达到成熟阶段。重点确保学生在劳动教育中能够全面发展，不仅具备专业技能，还培养出优秀的劳动素养，包括创新能力、团队协作能力等。

（2）综合素养评价

强调对学生的综合素养进行全面评价，不仅关注其在专业技能方面的表现，更要注重其劳动态度、社会责任感等方面。建立全方位、多维度的评价体系，确保评价结果真实、客观。

（3）校内外资源整合

通过整合校内外资源，提供更为全面的教育服务。与各类实训基地、行业企业建立更紧密的联系，确保学生能够在真实场景中获取更多实践经验。

3.产业合作

（1）深层次合作机制

在五年内，与各行业建立更深层次的合作关系。推动产业与教育更加紧密的结合，包括共建实验室、联合科研等。通过深入合作，提高学生产业融合水平，更好地适应社会发展的需求。

（2）项目合作拓展

拓展与企业的项目合作范围，确保每个专业领域都有实质性的合作项目。通过项目合作，让学生在实际项目中锻炼自己的专业技能，培养解决实际问题的能力。

（3）实时行业动态

强调及时了解行业发展动态，通过建立信息反馈机制，确保教育内容与产业需求保持同步。建立定期的产业研讨会，促使学校与企业更紧密的协同发展。

二、落实与评估

（一）监测与反馈机制

1.制定监测计划

（1）建立监测团队

成立专门的监测团队，包括教育专家、企业代表、学生代表等，形成多方参与的监测机制。

（2）明确监测内容

确定监测内容，包括实施计划执行情况、课程创新效果、企业合作落实等方面。制定详细的监测指标和标准。

2.定期监测执行

（1）制定监测计划

制定监测计划，包括每学期的监测周期、监测内容、检测人员等。确保监测工作有序进行。

（2）详细检查实施计划

定期对实施计划的执行情况进行详细检查，包括教学进度、课程内容覆盖、学生参与情况等。

3.多层次反馈机制

（1）建立学生反馈系统

设立学生反馈通道，定期收集学生对课程和实践的看法，以及他们的建议和需求。

（2）企业和社会反馈

与合作企业和社会机构建立紧密联系，定期组织座谈会、调查等方式，获取他们对劳动教育的反馈意见。

4.及时调整实施计划

（1）制定调整机制

建立实施计划调整机制，明确在监测结果出炉后的调整流程和责任人。

（2）优化实施方案

根据监测结果，及时优化实施方案，解决存在的问题，确保计划的顺利执行。

（二）阶段性评估

1.设定评估标准

（1）明确评估指标

制定阶段性评估的具体指标，涵盖劳动教育体系的各个关键环节，包括教育内容、实践活动、学生素养等。

（2）建立评估标准

制定详细的评估标准，以确保评估的客观性和公正性。

2.进行系统评估

（1）组织评估团队

成立专业评估团队，包括校内外专家，进行全面地系统评估。

（2）细致调研和测评

对劳动教育体系的各个组成部分进行细致调研和测评，全面了解其运行情况。

3.总结成功经验和问题

（1）成功经验总结

总结取得的成功经验，明确取得成功的原因，为未来的劳动教育提供借鉴。

（2）问题分析与解决

对存在的问题进行深入分析，并提出解决方案，确保下一阶段的目标能够更好地实现。

4. 优化下一阶段目标和计划

（1）目标调整

根据评估结果，有针对性地调整下一阶段的劳动教育目标，确保其具体、可行。

（2）计划优化

在评估的基础上优化实施计划，明确每个环节的工作重点，确保下一阶段的有序推进。

第八章 结论与展望

第一节 研究成果总结

一、新时代高职院校劳动教育的重要性

（一）高职院校劳动教育地位的凸显

在国民教育人才培养体系中，高职院校劳动教育的地位举足轻重。劳动教育作为整个体系的关键组成部分，扮演着推动学生全面发展、促进国家产业升级、推动党和国家繁荣发展的关键角色。本研究全面揭示了高职院校劳动教育在塑造人才培养体系中的独特贡献。

（二）对学生全面发展的积极影响

深入分析高职院校劳动教育，我们认识到其对学生全面发展的积极影响。不仅培养了实际操作能力，更促进了创新思维和团队协作能力的培养，为学生未来职业发展奠定了坚实基础。高职院校劳动教育不仅仅是技能的传授，更是素质的提升。

（三）对国民综合素质提升的重要贡献

高职院校劳动教育的全面加强对学生国民综合素质提升具有积极意义。除了专业技能的提升外，劳动教育注重培养学生的社会责任感、文化修养等方面，塑造了更全面的新时代人才。这种全面提升不仅服务于学生个体发展，更符合国家对高素质人才的需求。

（四）产业转型升级的助推力量

通过加强高职院校劳动教育，学生更好地适应了产业的转型升级需求。培养出更符合市场需求、能够迅速融入新产业的高素质劳动力，为产业升级提供了强有力的助推力。劳动教育的实践性使学生能够更快速地适应工作环境，为社会和产业的可持续发展贡献力量。

二、研究成果的亮点和创新点

（一）劳动教育生态体系构建的理论基础

1.生态学视角的理论贡献

本研究在劳动教育生态体系构建方面的亮点在于引入了生态学视角。生态学视角不仅拓展了研究的理论框架，而且为高职院校劳动教育提供了一种全新的思考方式。通过对生态学原理的运用，我们深入理解了劳动教育与学校、社会、学生之间的复杂关系。

2.生态学视角的实际应用

研究成果的创新点在于将生态学视角具体应用于高职院校劳动教育的实际工作中。通过分析劳动教育的各要素之间的相互作用，我们为构建生态平衡的劳动教育生态体系提供了实际可行的方法。这一实际应用为高职院校提供了从生态学角度优化劳动教育的思路。

（二）指导思想与原则的明晰

1.指导思想的深刻内涵

研究成果中指导思想的明晰性体现在其深刻地内涵。通过对不同指导思想的比较和分析，我们阐释了每一种思想背后的理论基础和实践意义。这种深刻的内涵有助于高职院校更全面地理解劳动教育的价值和目标。

2.指导思想的实践指引

指导思想的明晰为高职院校提供了实践指引。通过将指导思想与实际劳动教育工作相结合，我们为高职院校制定和调整劳动教育计划提供了具体方向。这一实践指引有助于确保指导思想不仅停留在理论层面，更能在实际工作中得到切实体现。

（三）关键要素的系统梳理

1.教育资源整合与优化

本研究对关键要素的系统梳理中，教育资源整合与优化的部分进行了深入剖析。我们详细分析了不同教育资源如何整合，以及如何优化资源配置以提高劳动教育的效果。通过这一梳理，为高职院校提供了有针对性的资源管理建议。

2.师资队伍建设与培养

师资队伍的建设与培养是构建劳动教育生态体系中至关重要的一环。本研究对师资队伍进行了系统的梳理，明确了培养高水平劳动教育师资的策略。通过对师资队伍的深入研究，为高职院校提供了更具实践性的师资建设方案。

3.学生参与合作机制构建

学生的参与合作机制构建是劳动教育生态体系中考虑的重要因素。本研究系统梳理了学生参与劳动教育的各种方式，以及不同机制对学生发展的影响。这一梳理为高职院校提供了在学生参与和合作方面更有针对性的策略。

4.评价与监督机制建立

评价与监督机制的建立是保障劳动教育生态体系健康运行的重要保障。本研究对评价与监督机制进行了详细的梳理，包括建立科学的评价体系和监督机制的有效运作。通过这一梳理，为高职院校提供了确保劳动教育质量的制度建设方案。

（四）实施路径的明确

1.整体思路和策略

研究成果中明确了劳动教育生态体系实施路径的整体思路和策略。我们深入分析了不同策略在实际操作中的可行性和效果，为高职院校提供了在制定整体实施计划时的具体建议。

2.目标设定与实施计划

实施路径的明确还包括对目标设定与实施计划的详细规划。我们通过分析不同目标设定对劳动教育效果的影响，为高职院校提供了在制定实施计划时的具体指导。这一部分的明确性有助于确保实施计划既符合理论要求，又切实可行，实现了理论与实践的有机结合。

3.风险评估与应对措施

实施路径的明确还需包括对潜在风险的评估和相应的应对措施。本研究通过分析劳动教育生态体系构建可能面临的各种风险，为高职院校提供了灵活而全面的风险管理方案。这一部分的明确性有助于高职院校更好地应对各种挑战，确保劳动教育生态体系的平稳推进。

第二节　高职院校劳动教育生态体系建设的前景展望

一、劳动教育生态体系的全面推进

（一）校企合作机制的进一步深化

1.实践基地的拓展与深化

首先，未来高职院校应当在校企合作机制中着力拓展和深化实践基地。这可以通过建立更多与产业对接的实践基地来实现。这样的举措有助于确保学生在学习过程中能够直接接触到最新的工作环境和实际工作挑战。通过实训基地的拓展，学生将能够更全面地了解并适应不同行业的需求，为他们未来的职业发展提供更为实质性的支持。

其次，实践基地的深化也是校企合作机制中的关键方面。高职院校应当与企业建立更为紧密的合作关系，共同探讨实践基地的建设和管理。深化实践基地意味着不仅提供学生简单的实习机会，更要着眼于为学生提供更具挑战性的实际工作经验，从而更好地培养他们的实际操作能力和解决问题的能力。

2.产学研一体化的合作模式

未来的校企合作机制将更加强调产学研一体化的合作模式。这种合作模式旨在促使学校、企业和科研机构之间建立更为紧密的协作关系，实现产业、学术和研究的深度融合。在这一模式中，学校将更加注重与企业和科研机构共同开展项目研究、技术创新等活动。这样的合作有望推动科技成果更好地转化为实际生产力，培养更具创新精神和实践能力的复合型人才。

（二）社会参与的积极互动

1.社会资源的开放共享

高职院校未来将更加注重社会资源的开放共享。这一趋势意味着学校将与社会建立更为广泛的联系，以获取更多实践资源、先进技术和专业知识。通过社会资源的开放共享，学校可以更好地满足学生的实践需求，提升教育质量。同时，这种共享也将促使社会各界更深入地了解学生的需求，实现学校与社会的深度互动。

2.社会各界参与的多元化形式

社会各界参与劳动教育的形式将更加多元化。除了提供实践机会，企业可能还会参与课程设计、师资培训等方面，与学校建立更为紧密的战略伙伴关系。同时，社会组织可能通过提供专业化服务、开展行业研讨等方式参与劳动教育，为学生提供更丰富的实践经验，拓宽他们的视野。这样的多元化形式将促使劳动教育更贴近实际需求，培养出更符合市场需求的高素质劳动力。

对校企合作机制和社会参与的深入分析有助于理解劳动教育生态体系全面推进的未来趋势，为高职院校劳动教育提供有利的发展方向。

二、社会各界积极参与

（一）企业的融入与支持

1.实践基地建设的企业参与

企业的融入将更加深入到实践基地的建设中。未来，我们可以期待企业积极参与实训基地的建设与管理，通过提供实际的生产环境，让学生更好地融入工作场景，提高实际操作能力。

2.技术支持与产业需求对接

企业支持将不仅仅停留在提供实践机会上，还将更注重技术支持与产业需求的对接。高职院校可与企业建立更加紧密的技术合作关系，共同开展项目研究，推动校内的研究成果更好地服务于实际产业发展。

（二）社会组织的广泛参与

1.活动组织与服务提供

未来，我们期待社会组织更广泛地参与到劳动教育的组织与服务中。社会组织可以通过组织各类实践活动、提供专业化服务等方式，为学校提供更多元化的劳动教育资源。这种积极参与将为学生提供更广阔的学科视野和实践机会。

2.行业研讨与专业培训

社会组织的参与还将包括行业研讨与专业培训。通过组织行业研讨会，社会组织可以帮助学校更好地了解行业发展趋势，调整劳动教育方向。此外，社会组织还可以提供专业培训，为教师提升实践能力，促进高职院校劳动教育的专业性发展。

未来高职院校劳动教育生态体系的建设将更加全面、深入，并在校企合作、社会各界积极参与等方面迎来更为积极的发展。通过不断深化与社会的联系，高职院校将更好地服务社会需求，培养更适应行业发展的优秀人才，为推动我国产业升级和经济社会可持续发展作出更为积极的贡献。

第三节 研究的局限性及进一步研究的建议

一、局限性分析

（一）样本数量不足的问题

1.局限性原因

（1）时间和资源限制

样本数量不足的主要根本原因在于研究过程中受到时间和资源的双重限制。由于研究周期和经费有限，难以进行更为广泛和深入的样本收集工作，导致最终的研究样本较少。

（2）高职院校覆盖不充分

由于受限于时间和资源，研究未能覆盖更多高职院校，这导致所选样本无法全面代表各地区、各类型高职院校的特点，从而对劳动教育现状的全面把握存在一定的不足。

2.影响分析

（1）普适性受限

由于样本数量较少，研究结果的普适性受到限制。研究的结论可能更适用于所选取的样本，而难以推广到其他未被纳入研究的高职院校。

（2）多样性和复杂性未充分呈现

高职院校的多样性和复杂性未能在研究中充分呈现。不同地区、不同类型的高职院校可能面临各自独特的劳动教育问题，但由于样本不足，这些特殊情况未能被充分考虑。

3.未考虑到的特殊问题和挑战

（1）不同特征高职院校的独特性

由于样本未覆盖到不同特征的高职院校，一些特殊问题和挑战可能未能被发现。例如，不同地区、不同规模的高职院校在劳动教育方面可能存在差异，而这些差异未在研究中得到充分考虑。

（2）研究结论的相对性

由于缺乏更全面的样本，研究结论的相对性增加。这意味着研究的结论更多地反映了所选取样本的情况，而在更广泛范围内的适用性可能受到一定限制。

（二）数据分析的不足

1.分析方法选择的局限性

（1）采用传统统计方法的原因

在数据分析方面，研究选择采用了一些传统的统计方法。这主要受到研究者对数据分析工具的熟悉度和可用性的考虑。传统统计方法的选择可能在一定程度上限制了对劳动教育影响因素的深入分析，未能充分挖掘数据中潜在的关系和规律。

（2）分析深度的不足

由于采用的是传统统计方法，分析的深度可能不够。这种方法往往更注重对数据的概括性描述，而在揭示数据背后机制和内在关系方面相对较弱，导致对劳动教育影响因素的理解有一定的局限性。

2.数据源的不全面

（1）部分数据的难以获取或缺失

数据源的不全面表现在一些关键数据的难以获取或缺失。由于一些高职院校可能对相关数据的披露存在限制，或者存在数据采集过程中的缺失，这导致了对一些关键问题的全面解析受到了限制。

（2）影响关键问题解析的局限

数据缺失可能导致对关键问题的解析不够全面。一些重要的数据可能对于深入理解劳动教育现状、问题和挑战具有重要作用，但由于数据的不足，研究未能充分探讨这些关键问题。

（三）实践策略未验证

提出的实践策略尚未在实际高职院校中进行验证。这使得研究结果在实际应用中的可行性和有效性存在一定的不确定性。

1.实践策略未验证的原因

（1）研究周期和资源有限

实践策略尚未在实际高职院校中进行验证，部分原因可归结为研究周期和资源的限制。研究周期较短以及有限的研究资源使得研究者难以进行长期的实证实践，从而导致实践策略的验证工作未能及时展开。

（2）复杂的实际操作难度

高职院校的实际运作涉及多方面的因素，包括学校管理、教师培训、学生参与等多个层面。实践策略的验证需要在复杂的实际环境中进行，而这种环境的复杂性可能超出了研究者的掌控范围，使得策略的实际操作难度增加。

2.实践策略验证的重要性

（1）提高实施的可行性

实践策略验证是确保研究成果能够真正落地的必要步骤。通过实际验证，可以更好地了解策略在实际应用中的可行性，识别潜在的问题和挑战，并及时进行调整和优化，以确保实施的顺利进行。

（2）验证有效性和适应性

实际验证是检验实践策略有效性和适应性的关键手段。只有通过实际操作，才能全面了解策略在不同高职院校和各种环境下的适应性，确保其能够在不同情境中产生良好的效果。

3.实践策略验证的可行性路径

（1）选择代表性高职院校进行验证

为了克服实践策略验证中的困难，可以选择一些具有代表性的高职院校进行验证。通过在这些学校中进行实证研究，可以更好地理解策略在不同背景下的适用性和效果。

（3）建立合作伙伴关系

与高职院校建立密切的合作伙伴关系是实践策略验证的另一可行路径。通过与学校建立紧密联系，可以更好地获得实践的支持和资源，有助于顺利推进策略的实证实践。

4.实践策略验证的未来展望

（1）深化验证研究

未来，可以通过深化验证研究，扩大实证范围，覆盖更多的高职院校，以提高研究结果的普适性和可信度。这需要更多的研究资源和时间的支持。

（2）多角度评估实施效果

在实践策略验证的过程中，需要采用多角度的评估方法，包括学生的反馈、教师的参与度、课程的改进情况等。通过多方位的评估，可以更全面地了解策略实施的效果和影响。

二、进一步研究建议

（一）样本扩大与多维度研究

1.扩大样本覆盖范围

（1）增加地区和院校数量

未来的研究应当通过增加样本数量的方式，更广泛地覆盖高职院校，以实现对全国范围内劳动教育现状的更为全面了解。通过涵盖更多地区和不同类型的院校，研究结果将更具代表性，从而增强研究的可信度和普适性。

（2）考虑多样性样本

在样本的选择上，可以考虑不同类型、规模和地域的高职院校，以便更好地反映出不同特征学校的劳动教育差异。例如，可以选择涉及不同专业领域的学校，以更全面地了解不同领域劳动教育的状况。

2.不同维度的深入研究

（1）院校规模与劳动教育

深入研究不同规模高职院校的劳动教育状况，分析规模对劳动教育实践的影响。这有助于发现规模较大学校可能面临的管理挑战，以及规模较小学校可能存在的资源限制问题。

（2）地域特点与劳动教育

考察不同地域高职院校的地域特点，如经济发展水平、产业结构等，深入分析这些特点对劳动教育内容和方式的影响。这有助于制定更符合地方特色的劳动教育策略。

（3）专业设置与劳动教育

研究不同专业设置下的高职院校，探讨不同专业对劳动教育需求的差异。这将有助于针对性地调整不同专业领域的劳动教育内容，提高教育的实效性。

（二）数据分析方法的优化

1.引入先进的数据分析工具

（1）机器学习算法的应用

未来的研究应当积极引入机器学习算法，通过对大量数据的学习和分析，挖掘出更深层次的关联性和规律。机器学习可以帮助识别出数据中的潜在模式，从而提高研究的科学性和准确性。

（2）大数据分析方法的运用

采用大数据分析方法，对庞大的数据集进行更为细致和全面地分析。通过对大数据的深入挖掘，可以发现一些传统统计方法难以捕捉到的关键信息，为研究提供更为全面的视角。

2.结合实际案例进行深入分析

（1）典型案例的选择

在实际案例的选择上，可以考虑选择具有代表性的高职院校进行深入分析。通过挑选典型案例，可以更好地理解实践中的细节和特殊情境，为研究提供更为深度的信息。

（2）案例分析与理论结合

将实际案例的分析与理论研究相结合，通过对案例中问题和挑战的深入挖掘，为理论提供实证支持。这样的结合有助于建立更为丰富和实用的理论框架。

（三）实践策略的验证与改进

1.实证研究的开展

（1）多所高职院校的参与

为了验证实践策略的有效性，建议在多所高职院校中进行实际应用，并进行实证研究。通过不同学校的参与，可以更全面地评估策略的实际效果，提高研究的可信度。

（2）学校类型的考虑

在实证研究中，可以考虑选择不同类型的高职院校，包括工科院校、文科院校等，以确保验证的结果在不同类型学校中的适用性。这样地考虑有助于确定实践策略在不同背景下的适用性和普适性。

2.不断调整和改进

（1）实践反馈的及时获取

建议在实际应用中及时获取实践反馈，通过学校、教师和学生的反馈意见，了解实践中可能出现的问题和改进的空间。及时获取反馈信息有助于策略进行调整和改进。

（2）针对性的策略修订

根据实证研究的结果，制定具体的修订计划。对于在实践中表现良好的策略，可以进一步优化其实施方式；对于存在问题的策略，要有针对性地进行修订，以确保劳动教育生态体系建设方案在实际应用中取得更好的效果。

参考文献

[1] 雷世平 . 新时代劳动教育教程 [M]. 北京：中国水利水电出版，2021.6：26-27.

[2] 朱晨鹏 . "躺平"文化背景下高校思想政治教育的应对策略 [J]. 理论观察，2021（11）：40-43.

[3] 孟庆东 . 论新时代高职院校劳动教育体系构建 [J]. 教育与职业，2020（19）：103-107.

[4] 蒋丽君 . 高职院校劳动教育理念辨析与实践刍议 [J]. 中国高教研究，2019，306（02）：78-81.

[5] 檀传宝 . 劳动教育的概念理解——如何认识劳动教育概念的基本内涵与基本特征 [J]. 中国教育学刊，2019（02）：82-84.

[6] 李瑞明，左浩，赵铭雪，毕娇娇，张陵 . 浅议基于"工匠精神"的本科层次职业教育师资队伍建设 [J]. 现代职业教育，2020（44）：234-236.

[7] 郭凌敏 . 新时代高职院校劳动教育内涵与培养模式创新研究 [J]. 科教导刊（上旬刊），2020，430（34）：17-19.

[8] 马继斌 . 高职院校劳动教育实施现状及提高对策研究 [D]. 上海：上海师范大学，2022.

[9] 雷世平 . "三位一体"劳动教育课程模式的构建 [J]. 职业技术教育，2020，41（19）：1.

[10] 雷世平，乐乐 . 高职院校"课程劳育"的内涵、价值意蕴及实施路径 [J]. 职业技术教育，2020，41（10）：13-17.

[11] 毛平，黄金敏，余小燕 . 高职院校劳动教育教程 [M]. 北京：高等教育出版社，2021：92.

[12] 孟庆东 . 论新时代高职院校劳动教育体系构建 [J]. 教育与职业，2020

（19）：103-107.

[13] 吕景泉，汤晓华，史艳霞.工程实践创新项目（EPIP）教学模式的研究与实践 [J].中国职业技术教育，2017（05）：10-14.

[14] 王惠颖.工程化视角：劳动教育 EPIP 模式的理念与实施 [J].职业教育研究，2022（03）：48-54.

[15] 姚敦泽.新时代高职院校加强劳动教育的价值意蕴与实践路径 [J].教育与职业，2022（18）：57-61.

[16] 马志超，李占昌.新时代高职院校劳动教育课程建设现状与路径探讨 [J].高等职业教育（天津职业大学学报），2021，30（05）：70-73.

[17] 姚敦泽.新时代高职院校加强劳动教育的价值意蕴与实践路径 [J].教育与职业，2022（18）：57-61.

[18] 丁瑞，夏少辉.基于 CIPP 模式的高职劳动教育评价 [J].中国职业技术教育，2021（28）：68-72.

[19] 何东昌.中华人民共和国重要教育文献（1949-1975）[M].海口：海南出版社，1998：725.

[20] 何东昌.中华人民共和国重要教育文献（1949-1975）[M].海口：海南出版社，1998：793-794.

[21] 何东昌.中华人民共和国重要教育文献（1949-1975）[M].海口：海南出版社，1998：2408.

[22] 王先俊.新时期党的教育方针发展变化述评 [J].中共党史研究，2003（05）：30-35.

[23] 耿协萍.职业教育与劳动教育的关系 [J].河南农业，2020（30）：11-12+15.

[24] 张铭.高师院校劳动教育评价指标体系构建初探 [J].安庆师范大学学报（社会科学版），2021，40（01）：121-124+128.

[25] 李鹏.高职劳动教育考核与评价研究 [J].人民论坛，2020（10）：112-113.

[26] 张力转.高职院校劳动教育评价的现实困境与优化路径 [J].南宁职业技术学院学报，2021，29（06）：52-55.

[27] 杨晓，黄君录.高职院校劳动美育体系构建：目标、重点与路径 [J].中国职业技术教育，2019（32）：70-74.

[28] 丁志健，潘乐.新时代高职院校劳动育人实践路径研究 [J].太原城市职业技术学院学报，2019（01）：105-106.

[29] 吴军.高职劳动教育再审视：现实需要、逻辑机理及实践路向——基于马克思主义劳动观的阐述 [J].职业技术教育，2021，41（10）：18-23.

[30] 李姝仪，马君.新时代高职院校加强劳动教育的价值、优势与实践路径 [J].教育与职业，2021（03）：28-35.

[31] 毛平，黄金敏.新时代高职院校劳动教育：特征及实效性路径研究 [J].中国职业技术教育，2020（34）：48-51.

[32] 张德伟.国际中小学劳动教育初探 [J].中国德育，2015（16）：39-44.

[33] 顾建军，毕文健.刍议新时代劳动教育课程的一体化设计 [J].人民教育，2019（10）：11-17.

[34] 郑晓华.高职院校劳动教育课程实施的问题与建议——基于广东省6所高职院校的调查 [J].职业技术教育，2021，42（32）：38-42.